南懷瑾文化

百年南師

紀念南懷瑾先生百年誕辰

劉雨虹◎編輯

出版說明

農曆二月初六，是南師懷瑾先生百年誕辰之日。這個一百年，較之歷史上任何百年，變化都更快速奇特。首先是發生了兩次大規模的世界大戰，橫屍遍野，生靈塗炭。尤其我中華子孫，在這百年之中受盡屈辱，更嚴重的是，自身傳統文化幾遭滅頂之災。

接著是科技的快速發展，帶來了生活的徹底改變。網路、信息、人工智能……種種一切所形成的似真似幻，影響人們的思維，隨之浮沉，人類似乎身心分離，生活在方便快樂又極度不安之中……

值此百年之懷瑾先生，自幼勤讀古籍典章，文史詩詞，以及道藏佛經，甚至筆記小說種種等等。及長又習武練劍，於雲遊闖蕩之歲月，更得禪門心法。

後致力教化，於世事根源，常得見先機；並將儒釋道等之精華，打破舊習，從翰林學院移教於民，傳揚文化於全民，並廣闊人民視野。

先生數十年如一日，足跡由大陸而臺灣，而美國，而香港，再回歸本土。先生一生，謙恭好學，慈悲為懷，隨緣教化，或褒或貶，方便多門，因材施教而已。

凡此一切種種，所作所為，五百年來之世，似乎尚未見他人。

本集僅收錄臺、港、美及大陸四地作品數篇，有說情，有說學術，有說世事，有說科技，有說未來應變等等。

特別要一提的是，雷蒙先生原擬另撰文紀念，後因時間關係，而暫以節錄其近著《第七感》中有關先生部分作為替代。

另有陳佐洱先生之篇，原已發表於南懷瑾學術研究會網站，文情並茂內容特殊，各報競相轉載，現亦收錄於本集之中。

先生最早期（五〇年代）在臺從學的年輕人杭紀東，今已八十有七，不久前談及結識南師之經過，有引人入勝之奇，故一併收錄，共誌懷念之情。

本集各篇，以來稿先後為排列原則，首篇作者艾德先生，與臺灣因緣甚深，蓋夫人為臺籍之故也。其英文原作附於書後。另新訂正先生年譜，亦附於後。各篇小標題為編者所加。

此集匆匆編印，幫忙的各位學友們，在此向大家鞠躬道謝了。

劉雨虹 記

二〇一八年元月

目錄

出版說明　4

一　老師　作者：艾德（Marshall P. Adair）；譯者：烏慈親　15

初識老師　16

蘭溪行館千字文　17

香港　成都　仰光　20

困擾環境的啟示　21

準提咒和我　22

災難擦肩而過　23

咒語的道理　24
香港南師餐桌上的盛會　25
我的外交手腕　27
陪父母訪老師　28
老師是什麼人　29
老師也是醫生　30
超越科學的範圍　32
永恆的記憶　34

二　大師：從中國禪宗到第七感

作者：雷蒙（默）（Joshua C.Ramo）；譯者：羅康琳　37
雲遊闖蕩的青年　39
修習得感知力　42

尼采的第六感——認知歷史 43
新的感知力——第七感 45
認識中國 47
頓悟不是邏輯推理 48
初見大師 50
大師慧眼所見 52
棒喝 55
如何成為近代蘇秦 56
感知力的重要 58
拿破崙的感知力 60
現實與虛擬世界的自處 62
第七感的學習 64
不同的第七感 66

三　南師倡導佛學與科學相交流　朱清時　69
（一）初見南師如故友　70
靈魂掉在後面　71
核時代的失心瘋　72
業力　果報　自我約束　73
科學與佛學相同處　75
（二）佛學既能引人向善　又與科學相容　76
佛學破除迷信　77
打坐可重塑大腦　78
保持正見的大腦　80
外境色法　主觀心法　82
（三）南師宣導佛學與科學相結合　84
科學為基礎　哲學為論據　85

給宗教局的信　86
佛教與科學展開對話　88
物理學步入禪境　90

四　天香桂子落紛紛——憶南懷瑾老師的愛國情懷　陳佐洱　91
茶與南老　92
彭定康給香港埋釘子　93
一花一世界　94
教誨　勵志　95
胡虜灰飛煙滅　97
大師回歸　99
一山門作兩山門　100
趙四郎牧牛　102

再訪南老　104
心慟的會面　105
悄悄地　我走了　不帶走一片雲彩　106

五　「南」海蠡測

——從四十年前受教於南老師二、三事説起　袁保新　107
禪學大師與小桂圓　109
退到後排的人　111
挑戰老師　112
傻小子　讀什麼哲學　為什麼不去學天文學　114
從書本中走出來　115
遲來的領悟　116
浩瀚無邊的學養　118

事上磨練　119
老師的胸懷　121
後記　123

六　懷念　饒清政　125

我所拜的老師　126
三家之學　128
大家說《論語》　130
誰是聖人　132
學問是什麼　134
神通與神經兩兄弟　136
中華文化的發展和演變　137
後記　142

七　奇遇南師　杭紀東　145
打太極的醫生　146
程委員與我　147
驚天地　泣鬼神　149
中西哲學的衝激　150
禪是生命科學　151
附錄一　Laoshi　153
附錄二　南懷瑾先生年譜（簡譜）（二〇一八年修訂）　172

一　老師

作者：艾德（Marshall P. Adair）
一九四八年出生於美國
服務美國外交界三十五年
曾任：美國駐四川成都總領事
美國國務院歐洲事務代表助理
美國外交工作協會主席
著作：《Watching Flowers from Horseback》
《55 Years in the Service》

初識老師

譯者：烏慈親

一九八七年南老師在美暫居期間，我有幸認識了他，當時我剛從駐亞洲的外事職位卸任回到華盛頓特區。任職亞洲的六年中，一年是在臺灣，三年在香港，兩年在北京。我本人當時對南老師一無所知，但是我太太陳純芝自從一九八一年開始便在尋找他。她曾經告訴我和她的朋友，她曾在夢裡見到一位老者，試著教她什麼，但是她在夢裡聽不懂他的意思，也不知道他是何人。然而，一九八七年的一天，她在紐約的朋友打電話告訴她，有一位跟她描述的夢中老者相符的一位老先生，最近從臺灣搬到了華盛頓特區，他的名字叫南懷瑾。對我太太來講這是個非常令她激動的消息，她很快找到一位送人南師著作的人，問此人是否南老師就在附近，是否可以見到他？這位送書人就是阿福哥，他確認老師就住在維吉尼亞州的McLean，並答應下午致電老師詢問是否可以見面。

南老師很親切的答應了，並邀請我們參加當天在他住處舉辦的李慈雄

（南師學生）女兒的滿月宴。當我們到達時，已經有很多客人了，我們帶了年幼的兒子立宇同去，同其他客人一起在室外聚會。有人帶純芝進屋去見南老師，不久後她帶著欣喜若狂的表情出來，她說：「是的，我終於找到我夢裡見到的人了，他甚至還穿著同一件中式長衫！」

之後我們就被邀請到客廳，南老師身邊圍著很多人，他看到我進來，朝我微笑著說：「歡迎，我研究過你了！」儘管我不太明白他的意思，但是我也朝他笑了笑。第一次的見面他對我們非常友善，並邀請我們隨時來，我們也打算常來。

蘭溪行館千字文

接下來這一年，我們幾乎每週都去拜訪南老師和他的大家庭。大家庭包括了他的學生和其他一些程度不同的修行者。老師的家裡總是有很多來自四面八方的拜訪者，有些是帶著禪修問題來的，有些是帶著個人問題來的，也有一些是帶著政治或者外交問題的。我大概能聽懂大多數來訪者的問題，但是由於我有限的中文水準，以及對修行方面的無知，還有南老師的浙江口音，所以他的回答我幾乎不能理解。

南老師看出我的困窘，問我是否願意跟他學中文，我當然是非常興奮。接下來的幾個月，老師每週都教我〈千字文〉，一千個字沒有一個重複的。他通過〈千字文〉讓我更全面的瞭解了中國語言文字、文化和歷史。我非常享受那一段和其他同學一起圍坐在大圓桌旁，跟老師學習的時光。我並不是一個好學生，我的中文水準並沒有大幅進步，但是南老師成功的讓我對中國文化的博大精深有了深刻的印象，也讓我對這個世界的觀感和其他方面有了深刻的改變，這個變化也包括我對老師的尊稱從「南教授」到簡單的「老師」。

後來我意識到，由這樣一位可能是這個世界最古老最完善的文明的集大成者，來教我這樣一個中層美國外交官讀書是多麼不相稱的事情。之後我花了很久的時間才意識到，對老師來講，他有教無類，這樣根本就沒有不和諧。

《妙法蓮華經》中有一章叫〈方便品〉，描述了佛陀和菩薩們以無數方便、種種因緣、譬喻言辭，為眾生演說諸法。老師也是如是對待很多來找他尋求幫助的人們。他身邊有各色人等：比丘、比丘尼、政客、商人、學者、淘金者、記者、病人、醫生等等。他能教化和談論的主題非常廣泛，我無法一一列舉，他能聆聽他們的問題，讓他們開心，挑戰他們，有時候甚至呵斥他們，但是卻讓他們入迷。他能夠告訴他們如何治療他們的疾病，如何使企業成功，如何使夫妻和睦相處。他有時是樸素的，有時是嚴格的，保持距離的，但他又是隨時可以接觸到的，慈悲的和令人安慰的。

對於我，他通過介紹中國文化，為我開啟了認知深奧中國文化的一扇門。他會問我的工作經驗和對工作過的地方及事情的看法，但是他從來不曾涉密。他總是會從另外一個我未曾想到的角度，給我指出一條更有效率達到目的的方法。在他直接或間接鼓勵我的過程中，他總是讓我仔細觀察自己的內心，對別人更多些慈悲。

香港 成都 仰光

一九八八年老師從美國移居香港，我和我的家人也返回亞洲工作，先是在緬甸的仰光，然後是中國成都（注：作者時任美國駐成都總領事）。後面四年中，我們能夠和老師通過電話聯絡，他也邀請我們去香港住在他的住所。在個人修行上，他對我們進行指導，也幫助我看到中國的歷史文化、軍事、經濟對亞洲其他國家的影響，增進緬甸和中國的發展空間。他給我解釋了幾個世紀以來，東南亞華裔的非官方的金融關係，到現在還在以合法或非法的途徑影響著香港的經濟政治。他讓我知道，幾個世紀以來的文化和社會習俗，導致了極其複雜的政治經濟現狀，沒有任何成功的商人或政界領導人能夠忽視或者置身事外，這和美國的環境有著根本的區別。當然美國有它自己的法律規定，社會習俗和「政治正確」；但它也培養和激勵了對既有秩序敢於挑戰的人們的勇氣，我個人也欽佩這種勇氣，所以也使得我學會在亞洲環境事務中能夠客觀分析和判斷諸多因素。

困擾環境的啟示

我們抵達緬甸後不久，就經歷了民眾抗議和軍隊鎮壓的紛亂階段。在這段困難時期，美國和中國駐仰光大使館存在嚴重分歧和不同的利益。中國支持緬甸軍事政權，而美國公開對大眾需求更多民主的願望表示同情。時任美國駐緬甸大使，具有在中國和中國周邊工作多年的豐富經驗，他鼓勵美國和中國外交官之間建立誠懇友善的關係，我從老師那裡學到的很多經驗也讓我在這個過程中受益匪淺。

民眾抗議開始後不久，純芝和立宇就隨著其他外交官家庭一起被疏散到曼谷，而我依舊留在緬甸。當時情形非常危險，壓力很大，不僅僅因為家人不在身邊，而且我們的行動也受到緬甸政府的嚴格限制，所以使得我有很多獨處的時間。這是我第一次用老師教我的準提咒開始實驗。

準提咒和我

當我第一次去維吉尼亞McLean拜訪老師時，我沒有像其他同學那樣參與在禪堂唱誦的課程，我當時對咒語並沒有什麼特別的興趣，而且當時我的自我意識也很強。但當我獨自一個人在緬甸，面對無數個長夜，我開始從另一角度來看咒語了。我開始在我空閒時、來回上班的路上持咒。當我再次去香港拜訪老師時，他說我變化很大，鼓勵我繼續持咒，說這是我所需要的。當我熟悉咒語後，我開始在不需要很費神專注的工作時也持咒，最後做到能夠在任何時候，不管做什麼情況下都能自如持咒。

結果不總是我所期待的，但是我的期望似乎也很模糊。我從來沒問過老師持咒能做什麼。老師有時也會很隨意的告訴我可以求求菩薩金錢或者升職什麼的，試試看咒子是否靈驗。但是我覺得老師在考驗我，這麼做應該是不合適的。所以我就單純的繼續持咒，並認為對我有幫助。但是剛開始事情進展並不順利。在一次去緬甸伊洛瓦底江三角洲的途中，我試著用咒語來縮短返程時間，我們的車子很快就拋錨在路邊，長達八個小時之久，最後只能搭乘一輛皮卡車坐在貨箱回到仰光。

災難擦肩而過

儘管不便的事還是會發生，但是自那以後我和我的家人也都很平安，沒有不好的事情發生。所有我心裡想要的，在以後的日子裡慢慢都成為現實，我也是事後才意識到，這些都和我專心持咒有關係。一九八一年我開始學習中文時，我就一直希望，有一天能夠被派到中國人口最密集的成都領事館工作，但是在候補申請名單中，有很多都是比我經驗豐富的「中國通」。持咒後一年，我接到一通來自華盛頓的電話，問我是否願意離開緬甸，去接替因個人原因即將離任的成都總領事的職位，一個月後我便抵達成都。從我二十多歲時起，我就對神祕的西藏充滿好奇，突然間我能夠一年去西藏數次了。到成都後不到一年又升職，之後我被委任參與華盛頓的一項非常重要的項目，負責東南歐的事務，後來又升職到副助理國務卿，分管十七個國家的事務。小的方面來講，滿座的飛機突然會有空位出來給我坐；大到本應該我去而沒去的行程中政府專機失事，機上所有人遇難。老師聽到這些後並沒有表現出驚訝，只是簡單的告訴我菩薩保佑了我。

咒語的道理

當然不只是我持咒，我太太純芝在我還未開始前就已經在持咒。當她被疏散到曼谷後，她還在和我的電話通話中教了我咒語。我們的兒子還是幼兒時在McLean時跟宏忍師父就學會了念阿彌陀佛，後來到了成都後他才學會準提咒。我永遠都不會忘記立宇五歲時在香港，老師邀請一眾的同學們安靜的圍坐著，聽立宇給大家唱誦準提咒。

我花了很多年才漸漸意識到老師鼓勵我們持咒，並不僅僅是，或者主要是讓持咒人自身受益，更應該是幫助他人。我確定他曾經多次用不同的方式告訴我這個道理，但是我們往往在沒有準備好之前，是聽不進去的。當我最後意識到時，我開始注意到一旦我開始持咒，周圍的氣氛都會變化。艱難的會議變得輕鬆；那些注意力不集中的人開始關注手頭的事情。可能聽上去有點瘋狂，有時候我甚至可以感覺到，整個美國國務院的氣氛都輕鬆起來了。

香港南師餐桌上的盛會

當我們一家從仰光搬去成都後，跟老師的聯繫和見面就比較容易和頻繁了。他對成都非常瞭解，他曾在成都度過了他的軍旅生涯，四川也是他禪修最重要的地方。他向我介紹了四川獨特的歷史對中國文化和政治的貢獻，他也在極大程度上改變了我對西藏歷史的政教合一，以及與歷代中國皇帝之間複雜關係的看法。

作為駐成都總領事館總領事，我經常前往美國駐香港領館，為對中國西南市場有興趣的美國商人提供諮詢服務。在那段時期，我有機會看到老師能夠滿足來自不同地域、不同背景人們不同需求的非凡能力。每晚至少有八至十人來吃飯，有些人是長居香港的，其他一些人來自中國大陸、臺灣、東南亞、美國、拉丁美洲國家、歐洲、印度，等等。老師會和大家一起晚餐，並回答個人或者專業的問題，也會邀請客人跟大家分享他們的經驗和故事。餐後，他常會傳授中國歷史、文化、哲學、佛教和道教，以及其他國家的文化，主要包括亞洲國家。他知道他的客人們對什麼感興趣，甚至在他們提問之前就知道他們的問題。對於這種多層面的話題，我還是很難完全瞭解。但即使我不完全明白他在說什麼，我也能看出他對聽眾的影響。有些人能理解他的話，有些人聽不懂，也有些人覺得好奇，有些人感到驚訝，而其中某些人的生活就在餐桌邊發生了改變。

他在回答某些個人的問題的同時，會儘量使得其他人也能從中受益。他會讓每個人在和自己以及他人的相處中感覺自然舒服，也能讓眾人在有強烈分歧或敵意時，求同存異。

我的外交手腕

有一次，我從成都打電話給老師，告訴他我很快就要去香港，並問他我是否方便和他待幾天。起初，他說可能有點困難，因為屆時會有一些重要人物來討論敏感話題。但很快他就改了主意，說「來吧，我們會想辦法解決」。當我幾天後到香港時，我才知道，那一晚將會有來自北京和臺灣的官方資深代表來老師這裡。老師對於開啟大陸和臺灣方面的最初階段的接觸，並使雙方達成一定的共識起到了很重要的作用。他告訴我，他的客人不知道我會在那裡，我可以留下來吃晚飯，但我需要飯後離開，好讓他們繼續談話。客人們看到有一位美國外交官坐在老師左邊，非常驚訝。但是晚宴的會談既親切又輕鬆，在我看來甚至是非常友好的。也許局外人的出現使得雙方更容易找到共同點。飯後我起身告辭並回到自己房間，會談繼續順利進行。一些年後，當老師說到這段故事時，還特別表揚我有外交手腕和懂得謹慎處理，在適當時候離席。而我的記憶是，當時我太累了，幾乎睜不開眼睛，回到房間後幾乎馬上就睡著了。

陪父母訪老師

老師的學問、經驗和修行幫助他理解、同情和幫助他人，也給了他展望未來的遠見。當我父母來成都看我們時，我們順道陪他們去了香港，並與老師共度一晚。當時我父母都是相對年輕和健康的；但後來老師私下簡單地跟我說了一句：「他們都老了，你必須做準備。」我回答老師：「是的，我明白了」，但其實我根本沒有明白。幾年後我的父親患上了老年癡呆症，之後我的母親癌症，診斷後不到一年就去世了。我父親不能獨自生活，所以我們帶他過來和我們一起生活，直到他要求搬到附近的養老院。這反過來又是改變我職業生涯的一個主要因素：從此結束了我們家庭的海外服務，迫使我重新定義自己的職業和個人生活。我不能說我沒有被事先提醒過。

在職業方面老師也有提醒過我，一九九一年秋天的一天，我和老師在他香港寓所的起居室，一起看電視上對第一次海灣戰爭的新聞報導。他轉過頭來對我說：「當這一切結束時，美國應該退出對世界其他國家的干涉。美國應該認真地評估自己需要什麼，是什麼，以及想成為什麼。只有這樣，它才能與其他國家重新建設關係。」我的回答是，「我們不能那樣做。我們有責任與世界其他國家保持聯繫，太多的人依賴我們的參與。」他只是說了句「嗯」，然後點了點頭。二十五年後，隨著美國總統競選活動的展開，可悲的現實清楚的印證了老師在一九九一年說的話。美國已經失去了任何表面上的社會或政治共識。今天，我們只希望還能有時間聽從他的建議。

老師是什麼人

我現在才清楚地看到，老師有淵博的知識、理解力和智慧，能知道對美國和中國這樣的大國來講，什麼是最好的政策策略。當我問他問題時，他總是非常慷慨地與我分享他的知識，但除非我請教他，他很少對我說教或鼓勵我執行某項特定的政策。他會問我對不同問題的看法，但他從不多打聽，他也從不會置我於任何與我工作職責相衝突或妥協的立場。用英語詞彙來形容他的話，他既是一個「renaissance man」（多才多藝的人），他已熟悉了人類知識體系的所有分支；他又是一個「perfect gentleman」（完美紳士），不僅把握了自己的行為，並對他人具有完美的禮儀和慷慨之心的人。

老師也是醫生

他經常引用這句話：「一事不知，儒者之恥」，他對自己的成就總是很謙虛，但在我看來，他的學問是無限的。除了中國歷史、文化和哲學之外，他還精通中國武術和醫學。有好幾次，我看他都建議學生和老師們學太極拳。我曾經很難理解「氣」的概念，他向我示範了使用肌肉和使用「氣」的區別。當他用肌肉的力量伸直手臂時，它儘管牢固，但我能移動它。當他用「氣」來做同樣的動作時，我卻無法挪動它。如果不是因為我和老師身高的差別，我想我甚至可以懸掛在他胳膊上！

還有一次在香港，我肩胛骨之間突然異常疼痛，幾乎不能呼吸。擔心是不是心臟病，所以我告訴了老師。他告訴我不要擔心，原因可能是由於氣候的變化導致，他給了我一些中藥服用，服用後疼痛就像來的那麼突然一樣，很快消失了。之後，每當我有不適，我都會尋求老師的醫療意見，甚至很多時候是通過長途電話詢問。有時候，我能看得出他是如何做出診斷的，但很多時候我無法瞭解。有一次，我太太純芝問老師，為什麼我會老想著事情消極的一面，而且沒有耐心？老師答覆她說，是身體原因導致，因為我的腰椎比正常人少一節。他從來沒有對我進行過身體檢查，從來也沒有其他醫生跟我提到過這一點。我因為腰椎疼痛，曾經看過很多正骨醫生。當我之後再次去看醫生時，醫生檢查了才很驚訝地發現老師所說的竟然是真的。

超越科學的範圍

有時，老師所能做的似乎超越了科學的範疇。有一次，我看他測試一位善於利用能量技術診斷身體疾病的年輕女士。她為老師做了檢查，並把診斷告訴了老師，老師說都很對。然後老師說還有一個測試給她做，請她再給他做一次檢查。幾分鐘後，他問她是否注意到了什麼，她猶豫了一下，然後很驚訝地回答說，他似乎讓血液反向流動了。老師微笑著只說了一句「很好」。

這種試驗有時會讓人產生「神通」或「超能力」之說，但是老師卻自始至終堅持認為，這種事情並沒有比原子能或雷射來得更神奇。所有他關於個人修行方面的教導都是嚴格科學的。他常說，古代中國和印度文明已經發展了的知識和理解，現代科學才剛剛開始涉足。他在廟港建立的太湖大學堂的目的之一，就是去鼓勵重新發現這些知識，並應用於解決當今中國和世界所面臨的挑戰。

看到老師在離開祖國這麼多年後逐漸回歸大陸，對我來講也是非常激動的事情。老師的耐心、遠見以及慷慨最最令我印象深刻，儘管有時候我私底下也很自私的擔心以後見到老師就更困難了。開始的時候並沒有任何問題，他在上海的寓所比香港和美國的小很多，氣氛也比較私密，也很容易見到老師。但搬到廟港後就不是很容易見到他了。

我們照例是每年一次從美國來中國看他，通常待一週左右。由於太湖大學堂的建築項目巨大，非常耗時；來自全國各地來拜訪的客人也非常多。幾年後，我們幾乎只能在晚餐時見到老師，和他單獨相處的機會非常之少。諷刺的是，我退休後，當老師邀請我搬去太湖大學堂，繼續我的禪修時，我卻因為自己的原因而留在美國，沒有與他在一起。

另外，當然老師也逐漸老去。我違反了他最基本的教義之一，堅持認為他是一個超越生命的人，通常的自然法則並不適用於他。我可以看到他的身體越來越老，但他的頭腦還是非常清醒的，他對周遭發生的一切也知道得比別人多。他甚至向我們描述了衰老的過程，他到了什麼程度，以及他有多麼困難和痛苦。他一再告訴我們，他不會永遠陪在我們身邊——事實上，真的沒有很久。然而，我總是說服我自己，這只是他修行和教化的一部分，他永遠都會和我們在一起。在他去世前的最後幾個月裡，我只是對時間越來越短的警告置之不理。

永恆的記憶

很難用這樣一篇短文來形容老師在我生命中是多麼的重要。他不只改變了我看中國的角度，也改變了我整個生命的意義和使命。他使我相信人類歷史是相關的，我們永遠都可以從中學習。過去的智慧並沒有被現在的發現所取代，或使之與現在無關。事實上，今天所發現的很少是古人不知道的，過去教過的東西可以幫助我們更好地理解今天科學所發現的東西。他向我展示了，我以前從未想像過的中國歷史、文化和成就的深度；人類文化、社會組織和政治領導的使命，應該比追求個人欲望的自由更重要。

他教化我們，並通過自身作示範來教育我們——人類最重要的品格應該是慈悲、紀律、決心和智慧。他因材施教，而不管我們來自何處。儘管這些年我錯過了很多他的課程和教化，但我還是從老師那裡受益良多，我想因為他對我的改變，我身邊的很多人也間接受益。我會永遠感激和老師相處的時光和在老師身邊的人們。

我承認，我依然非常地想念他。

二　大師：從中國禪宗到第七感

作者：雷蒙（默）（Joshua C.Ramo）

季辛吉諮詢公司聯合首席執行官、副主席

美國著名中國問題專家

美國暢銷書作家

著作：《看不見的地平線》

《不可思議的年代》

《第七感——權力、財富與這個世界的生存法則》

譯者：羅康琳

三百年前，啟蒙運動和科學革命開始猛烈地敲擊舊秩序的根基。這兩股力量猶如兩把大錘，相互作用，將大部分曾經看似永恆的事物搗毀殆盡——國王、煉金術士、教皇和封建領主，通通都煙消雲散了。

今天，一把全新的大錘正在敲擊我們的世界。持續不斷的即時連接正在撕裂舊的力量布局。貿易、生物、金融、戰爭等各種網絡的形成，催生出新的力量之源。盡管人們對它的認識還很模糊，但這股新力量正不斷侵蝕舊秩序的根基，與此同時，新秩序開始萌芽。

人類上一次經歷的重大變革源自啟蒙運動，那次劇變著實令人驚嘆，它使世界分化出贏家與輸家，它觸發災難之源，也點亮勝利之光。今天，我們面臨同樣的形勢。新力量的圖景正在形成。本書講述的，就是這股新力量以及感悟它的一種新感知。是否具備這種感知，將決定人們是掌控新力量，還是被新力量所掌控。

一

雲遊闖蕩的青年

一九四三年春天的一個早晨，一位名叫南懷瑾的中國年輕人打點好行裝，離開成都，沿岷江一路南下，登上峨嵋山。峨嵋山深入四川腹地，距離成都一百多英里遠，自古以來就是中國最著名的佛教聖地之一。

南懷瑾年紀輕輕便非同凡響。十八歲時，他擊敗對手，問鼎全國劍術大賽；二十三歲時，他已成為中央軍校政治教官；而在之前的一年，他帶領三萬人的隊伍駐紮四川山區。回看當年他離開成都、深入山區時的照片，不難發現，南懷瑾長得一表人才，細嫩的臉龐上鬍鬚剃得乾乾淨淨，雙目炯炯有神。細細打量一番，可以看出，在他俊朗的外表下，是一個經歷抗戰時期而鐵骨錚錚的剛毅漢子；在他凌厲的目光後，是一個在賽場上全力以赴的劍客。若干年後，南懷瑾成為當代傳承中國文化及思想的典範，被尊為一代大師。一九四九年，他離開大陸，開始了長達數十年的旅居生活，並最終回到祖國大陸的懷抱。這種種際遇在南懷瑾身上一一展開，而照片中的他朝氣蓬勃，目光堅定。

青年時代的南懷瑾在練劍之初便意識到，要想駕馭手中的劍，必先將自己的心志磨煉到至高之境。因為無論防守還是進攻，真正的高手定是劍隨心動——心先至，劍隨之。正是抱著修煉內心、磨煉內心之劍的希冀，南懷瑾遁跡峨嵋山，潛心閱覽《大藏經》，修持禪宗。在佛教各宗派中，禪宗是最能塑造修行者堅韌心性的教育之一。依照禪師的闡釋，修行者必須精神高度集中，心志專一到足以鍛造，乃至擊碎金剛石一般，從而才能達到禪宗「開悟」的境界。一旦開悟，則預示著對生命本質的深刻洞悉，這絕非常人所能企及。

後來，南懷瑾輾轉來到峨嵋山的一座禪院。三年如一日，在此習禪，最終得證箇中「三昧」。心於一境，外界與內心變得清淨如水。此刻，恐懼、欲望及生命的深層次困惑都沒了蹤影。此時如僧人所說，心性韌如山泉——

無論混入何種淤泥，汨汨流出的泉水總是清澈明淨。

峨嵋山禪院的修持，給予了南懷瑾全新的境界，之後，他開始追尋心靈的更高境界。年復一年，他探訪天下名師，足跡所及處，一座座寺院、一所所大學，甚至是康藏的鄉間小屋。這些地方，還承載著些許最古老的中國傳統，在經歷百年動盪後仍保留著傳統智慧。南懷瑾雲遊四方，尋師修行，彷若千年前僧侶們跋山涉水，四處聆聽禪辯。禪辯在聖賢間展開，旨在更準確地揭示世界的本源。遁世的僧侶們大步走進一座座禪院，於眾人中坐定，聆聽最有智慧的住持講禪、辯論，在獲勝者的言論中得到頓悟，從而真正明白是什麼神奇的力量使這大千世界產生震動、爆發革命、出現詩歌。一次禪辯中，著名的雲門禪師有言：「萬般巧說爭如實。」他認為，真正的智慧並非僅從對話中可以汲取。

修習得感知力

南懷瑾努力修持的是那種深刻覺知世界的能力。通過雲遊修學，他在多個宗教法門得到證悟。從醫學到書法，他無不精通。年輕時在武功上的成就，足以體現出他的過人天賦。南懷瑾被奉為二十世紀保存和傳承中華傳統文化血脈的重要人物之一。

在大陸修學幾年後，南懷瑾去往臺灣地區。在隨後的數十載裡，他輾轉於臺北、美國和香港地區。正是在這段時間，他以老師的身分聲名鵲起。二十世紀九零年代中期，中國改革開放進入新的階段，受中國高層官方的邀請，南懷瑾回過大陸。不少人想探求對歷史的正確認識和身分的認同感，他們希望汲取南懷瑾對中華傳統文化的深刻領悟，將其化作塑造中國未來走向的有力工具。中國古老的習俗及其傳統根基，真的有可能對這個受到現代化衝擊的國度有所幫助嗎？南懷瑾在離上海不遠的江蘇太湖之濱設立學堂。在選址上，他頗費了些心思：學堂旁湖水平靜，如一汪清泉流入二十世紀九零年代衝勁十足的中國大地，使之陰陽平衡、融滙和諧。夏日炎炎，學堂裡的香樟樹為教室遮陽蔽蔭，春光明媚，粉白相間的牡丹花競相開放。

正是在太湖大學堂，我第一次見到了一代大師南懷瑾，那時他已是八十九歲高齡。

二

尼采的第六感——認知歷史

在太湖大學堂，南懷瑾傳授的學問與他當年離開成都、遠足修行的內容相差無幾。面對激烈變革、時代更迭的世界，怎樣才能培養一種可以了解事情發展本質的認知？十九世紀末、二十世紀初，德國哲學家尼采提出，人類需要具備「第六感」，才能在當時看似瘋狂的工業革命中生存下來。他並非讓人人都去研究歷史，至少，這不是他的全部意思。他認為，第六感是對歷史規律的感知。尼采曾說，人的生命有著特定的節奏和基調，就像在長跑比賽中，選手需要對整個路線有所把控，才能控制好速度。沒有對路線的整體把控意識，就有可能在不恰當的時機減慢速度，或因速度過快而精疲力竭，彷彿大山壓頂讓自己喘不過氣來——尼采尤其擔心後一種情況的發生。他指出，世界在建立社會新秩序的進程中，必將面臨布滿荊棘的陡坡，但十九世紀九零年代，絕大多數人都是蹦蹦跳跳地往前走，彷彿前路一片平坦、全是下坡。尼采多麼希望，人們能夠感知歷史規律，看清現實。但他內心十分清楚，當時沒有人具備這種新的意識，對於結局他也就持悲觀的態度了。尼采說：「真相越深奧，越需要對歷史的感知。」但當時沉浸在流金歲月的人們完全沒有居安思危的意識，幾乎沒有人讓自己的感知跟上時代的步伐。對於日漸逼近的災難，尼采不幸言中了，後來的兩次世界大戰就是最好的證明。

新的感知力——第七感

本書將要講述一種新的感知——「第七感」。如果說尼采提出的第六感是為了適應工業革命帶來的社會變革，那麼第七感註定是為今天這個連接（connection）的時代而生。這裡所說的連接，不單是指與互聯網的連接，還有與我們周圍無處不在的整個網絡世界的連接，諸如金融網絡、DNA（脫氧核糖核酸）數據庫、人工智能網絡、恐怖主義網絡、販毒網絡、貨幣平臺等，不一而足。更加快速而精準的連接正在改變我們的生活，正如火車和工廠洞穿了尼采所處的時代。身處其中，讓人既興奮又不安。金融危機似乎無休止地延續下去，縱有最強的智力支持和央行的重拳出擊也是枉然；過去十年的反恐戰爭投入驚人，結果恐怖主義卻愈演愈烈；全球生態系統慘遭破壞，似已無法修復；各種新型流行性疾病每年如期而至；難民潮一波接一波地湧來；國內政治鬥爭轉型為喧囂的極端主義。這一切問題的根源都在於網絡，弄清楚網絡系統是怎樣運作的，我們就能塑造這個時代，而不是被時代左右，這就是本書的要點。歷史學家查爾斯・庫爾斯頓・格里斯皮（Charles Coulston Gillispie）在其著作中指出：「人類的習慣比其感知轉變得更快。」沒錯，我們已經習慣了這個新時代——手機、電子郵件、電腦鍵盤、免洗手消毒液，早已成為日常生活的一部分。當務之急，是培養新的感知。因為在當今網絡時代，任何事物（包括政治、經濟、國家安全和教育）如果不是專為新時代而生，那麼註定會在新時代的壓力下分崩離析。

……我們對當今世界的看法，應該怎樣與我們對啟蒙運動、理性時代或中世紀的看法聯繫起來？關鍵在於，我們需要意識到我們正處於非同尋常的時刻——今天具備這種感知力，如同曾經擁有第六感一樣重要。啟蒙運動和理性時代幾乎將所有歐洲社會制度撕得粉碎，隨後的工業革命掀起了人類歷史上最激烈的戰爭。同樣，我們也會認識到，今天無處不在的相互連接全然代表著又一場影響深遠的變革；或許，這場變革比前兩次影響更深遠。

我們需要先對自己身處的時代好好探索一番，這一次，讓我們穿越這個風起雲湧的世界，開啟心靈啟迪之旅——正如一九四三年南懷瑾去往峨嵋山的那次修行之旅一般。

三

認識中國

二〇〇二年，動身前往北京前，一個朋友把我拉到一旁，建議道：「在中國的生活將改變你看待世界的方式。要想從中獲得更大收益，一定要記得，深諳兩國文化與掌握兩國語言一樣重要。」老實說，了解中國文化並不在我此行計劃之列，但朋友的說法似乎有些道理。此後，我一直將了解當地文化作為自己去到另一個國家的目標之一。從來到中國的第一天起，我的日常生活幾乎全是和中國人打交道。這些年來，我在中國與西方人進餐的次數，用一隻手都數得過來。我聽從朋友的建議，努力去熟悉中國文化，這真真切切地改變了我在中國的生活經歷，改變了我看待世界的方式。由於兩國文化的差異，我的直截了當和刨根究底有時也會帶來困惑，例如和中國朋友交談時，我能聽懂每一個字，卻不明白對方話裡的真實意思。但了解中國文化的決定為我帶來一次幸運的邂逅，讓我有機會去往一代大師南懷瑾創辦的私立學堂。

來到北京幾年後的一個傍晚，我與一位中國的朋友外出聚會。中國能在空前短的時間內從貧窮走向繁榮，部分原因在於這個國家聚集了一批像這位友人一樣出類拔萃的人才。朋友在中國學習長大，出國留學掌握了經濟學和金融學的專業知識，學成歸國後，積極投身改革開放後中國的現代化建設。朋友比我大不了幾歲，但她能力非凡又對祖國絕對忠誠，這使她有機會零距離目睹中國經濟的騰飛——奇蹟與機緣並存的高速發展。

頓悟不是邏輯推理

那晚朋友告訴我，南懷瑾對中國禪宗五家之一的臨濟宗修為頗深。大約一千年前，臨濟宗從中國傳入日本。今天，日本臨濟宗在西方大放異彩，以讓學人參公案著稱。公案，即種種讓人困惑的難題，如「汝父母未生汝是何本來面目」、「何為隻手之聲」等。公案單靠推理無法解答，需要純粹的、經過訓練的直覺來回應。公案與其說是數學題或字謎，倒不如說是需要專注才可得解的問題。臨濟宗旨在讓修習禪定者達到直徹本源、猛然頓悟之境。西方沒有這樣的教育理念，這種「頓悟」是一種典型的東方感知力——東方人認為真理從來就不是單純的邏輯推理。頓悟很難解釋清楚，也無法單純通過語言文字傳授，它更多的是一種瞬間感覺。這種感覺，就像墜入情網或勃然大怒的一剎那。修持臨濟宗，意味著通過靜心冥思使精神高度集中、經過反覆訓練及偶爾的棒喝，令心性沉澱，從而打開心扉，此刻，各種隱形的內在聯繫變得明顯易見，修行者在剎那間開悟，直達目標。

我從十六歲開始修習臨濟宗，機緣巧合，與友人在北京聚會後的那年春天，我有幸受邀前往南懷瑾大師創辦的太湖大學堂。

四

初見大師

據說，在太湖大學堂開放訓練的日子裡，會有數以百計的社會精英從整個華語世界彙集於此，一時間形成了中國最佳社交網絡。我首次前往太湖大學堂的那個週末，校園並未對外開放，加上我和朋友，只有大約十人在場，我們都是前來學習的。第一天早晨，我們走進一間可以眺望太湖的大廳，輕輕地坐在長凳上，開始禪定。這天傍晚，南懷瑾大師與我們共進晚餐。他雖已是八十九歲的高齡，但看起來精神矍鑠、熱情洋溢，活脫脫年輕了二十歲。……

餐畢，南懷瑾大師問我心裡想些什麼。後來的年月裡我漸漸明白，大師習慣在發表自己的見解前，先留出一小段時間給來賓發言，不管這些人是政界精英、工業巨頭，還是不諳世事的訪客。他進一步問了我一些問題，聲音輕柔，透著濃厚的沿海口音。他的提問似乎不時偏離我的主題，但我很快又發現這些問題恰恰起到了穿針引線的作用。（「若下一句語，如鐵橛子相似」，說的是雲門大師。）在場的人都趕緊記筆記，因為在他們看來，凡是南懷瑾大師認為重要的地方，一定值得記錄下來。據我所知，南懷瑾大師講學和討論的錄影常常通過郵件傳播，郵件標題諸如「理解中國當今一代」、「南懷瑾大師答中西智慧」一類，這些影像資料實時展現了我們的日常生活與歷史和哲學的律動，而這種律動通常是很難被察覺的。誠然，我們生活在當下，但南懷瑾總能清醒地意識到，當下是一個風雲變幻的非常時刻，它同樣遵循著歷史的交替規律。別忘了，中華文明的根基是三千五百年前成書的《易經》（「易」，即「變化」之意）。中國人考慮任何問題，首先會想到，不斷變化是天地萬物間唯一不變的定律。問題幾乎不可能永遠消失，卻常常變換形態再次出現；勝利絕不會一直持續。總之，世間沒有一勞永逸的好事。身處千變萬化的世界，好的教育不僅包括掌握客觀事實（西方的大學教育似乎如此），還應該訓練一種警覺。目的就是要適應變化與繁榮興盛，這也是南懷瑾大師講學的核心思想。今天的中國正處於不斷變化的時代，他的這種思想變得尤為吸引人。

南懷瑾講學內容的傳閱名單中，有許多在中國舉足輕重的人物，其地位相當於艾倫・格林斯潘、科林・鮑威爾、沃倫・巴菲特在美國的影響力。南懷瑾總是用禪的本真去教育他的學生——禪宗，就是讓修行者用心理學、哲學和自然這一整套工具去發現世界的本源，並加以利用。

五

大師慧眼所見

在太湖大學堂的第一天，南懷瑾大師在晚餐時不斷向來賓提問，直到我們都招架不住，他才開始講述自己對當今時代的看法。依他所見，世界正在斷層上施加過大的壓力。用他的話說，我們面對的是一次「劃時代」的震動。南懷瑾傾盡畢生心血摸索出世界的變化之道。而這一次，變化的巨流卻要改道，淹沒眾多曾經信賴的路徑。引起這場變化的，恰恰是我們寄希望於使我們免受震動傷害的東西——金錢、信息和速度。南懷瑾解釋道：「今天，人們不斷與電腦和機器產生連接，這樣的連接正一步步改變他們的思維模式。可人們似乎並不明白正在發生的一切，而且完全沒有停下來喘口氣的意思。從這個意義上說，世界將跑得越來越快。」

他接著說道：「十九世紀，人類的最大威脅是肺炎；二十世紀，則是癌症；到了我們這個時代，尤其是二十一世紀伊始，是瘋狂，或者叫精神病。」他頓了頓，繼續解釋道：「二十一世紀將變得格外地湍流湧動，現在已經開始逐漸顯現出來了。我所說的『瘋狂』、『精神病』，並不僅僅指芸芸眾生的心理狀態，還包括政治、軍事、經濟、教育、文化和醫療等在內的一切都將受到影響。」

我能夠體會南懷瑾論點背後的邏輯推理。十九世紀，太多人擠進了狄更斯筆下的都市深淵，這恰恰成了肺炎的培養皿——工業和城市化來得太猛太快。二十世紀，塑料及其他未經檢驗且不安全的人造材料擾亂了人類的基因庫，帶來了癌症之災。科學，來得太猛太快。二十一世紀，根據南懷瑾的觀點，信息、手機、數據包、日常生活中通信數據傳輸產生的每個位流將帶來消耗性疾病，並將影響我們的大腦。諸多現行的制度將坍塌，人們對力量和穩定的觀念將被顛覆。一場具有破壞性的深刻變革（南懷瑾稱之為「劫數」，即人類歷史進程中結構的斷裂）即將發生。在這樣的時代，曾經信賴的種種習慣將變得一無是處，甚至潛藏危險，而直覺比什麼都重要。恕我直言，直覺將是你唯一可以信賴並擁有的，因為現有的地圖無法引領你穿越這片全新的土地。如果仍要固執己見，繼續使用現有的地圖，必將走上危機四伏的道路，遭遇無法想像的浩劫。

六

棒喝

那晚，南懷瑾大師結束與我們的討論時，餐廳四周已是一片漆黑。我們圍坐在桌前，藉著朦朧的光亮，虔心等待著大師細思接下來要講的觀點。我終於明白，中國才智出眾的人物彙集於此，與南懷瑾共同進餐的部分原因在於，中國的哲學思想誕生於兵荒馬亂的時代，那時還未出現理性的計算，科學相當落後，而中國古老的哲學思想能夠為這個國家帶來希望之光。我問大師，他會從何處著手展開探索？為了看清今天這個時代，應該如何做好準備？

大師厲聲說道：「要知道，想看清這個時代絕非易事。」看得出，我的問題太過直接，他「表現出」些許不高興。他的這種教育方式正是典型的中國式教育——用一系列情感鞭策學生。中國的哲學家認為，情感影響學生的領悟；比起向他們闡釋知識，給予學生棒喝或者表揚，通常更管用。於是，南懷瑾大師提高嗓音，繼續「棒喝」我：「不是說我向你傳授一種觀點，你就能夠領悟並加以運用。不是這樣的。這是很難做到的。」透過他堅毅的目光，我彷彿看到了那個二十多歲便召集士兵駐紮山區的青年才俊。

如何成為近代蘇秦

大師吸了口菸，歇息片刻，接著往下說：「話又說回來，如果你足夠努力，或許可以成為另一個蘇秦，他使一個深陷戰亂的諸侯國迎來了二十多年的和平穩定。」蘇秦是兩千年前中國戰國時期的英雄人物，那時天下紛爭不斷，社會動盪不安，蘇秦洞悉那個時代的瘋狂，合縱諸侯以抗秦，帶來了一段相對持久的和平時期。

「蘇秦剛開始是個理想主義者，像你一樣，」大師說道，「他試圖向君王建言獻策，卻被當眾羞辱，理想破滅了。就連他的親人也感覺臉上無光，他被姐姐和母親拒之門外。蘇秦深受打擊，遂閉門不出，刻苦讀書。為免讀書欲睡，他頭懸樑、錐刺股，一坐就是七年。」大師提高嗓音，言語又恢復了平常的節奏：「最終，他領悟了。蘇秦悟出了時代的真諦。你應該向他學習。如果你也這麼做，夠虔誠、夠用功，弄懂種種觀點，那麼就能看清我們這個時代。你能做到像他那樣嚴於律己嗎？」屋裡頓時鴉雀無聲，沒人把目光聚焦於我。就在我們沉默不語時，其中一位來賓將一盤切好的水果傳遞給大家，裡面還盛有櫻桃和乾棗。

南懷瑾的這種緊湊的、不間斷的禪宗式啟迪方法源自他多年來的潛心修行，目標很明確，就是要學會感知隱形的內在聯繫和力量均衡。南懷瑾讓學人長時間修習禪定和武功，盡力用哲學式的對話令學生感到羞愧和不安，這一切都是為了磨礪修行者的心性，使其能夠一劍劈開當今時代的能量之流。二十一世紀正不斷前行，其中的瘋狂真的遲遲不會退去嗎？這預示著怎樣的悲劇呢？蘇秦在頭懸樑、錐刺股的漫長歲月裡學到了什麼？他領悟到了什麼奧祕？他在受盡羞辱、終獲突破後，到底得到了怎樣的啟迪？他掌握了自己所處時代的能量，並具備了正確使用這種能量的感知力。南懷瑾大師似乎在問，我們能達到蘇秦的境界嗎？如果不能，會發生怎樣的悲劇呢？

感知力的重要

這觸及哲學中最基本、最有趣的一個問題。一切觀念（無論是對待愛情，還是看待政治）都源自經驗。我們所見、所做、所感、所學的一切，並不只是成為「過去」。我們每個人都是自身經驗的總和。那麼此時此刻，面對未曾經歷甚至從未想像過的情形，我們應該怎麼應對呢？答案就是，我們只能依靠感知，而不是「思考」。每一天都像是一個禪宗公案，理性無法解答，只能用感知回應。人們依然相信，市場無須調節就能正常運轉，政治終究會自我修正，世界已經超越了戰爭，因為在很大程度上這就是他們自己的生活經驗。但其實市場早已做出了調整，政治此前從未產生毀滅性破壞，人們所見的大多是和平。如果感知告訴你，人們的上述看法或許不正確，世界正在上演一幕幕與其所見相左的情節，但這一切或許不會帶來無妄之災，而是許一個光明的未來，那麼，你就會因與眾不同而脫穎而出。

南懷瑾大師常常講起成書於先秦時期的道家經文《莊子》中的一個寓言故事。曾經有一位屠夫為文惠君幹活，一日，文惠君見屠夫正在宰牛，屠刀如奏樂般發出霍霍之聲，手起刀落，幾乎不費吹灰之力就把一頭牛拆解開了。文惠君感歎道：「嘻，善哉！技蓋至此乎？」屠夫答道：「臣之所好者，道也。」道家思想認為，萬事萬物皆存在內在的自然能量，是為「道」，從香樟樹到人心，概莫能外。屠夫解釋說：「始臣之解牛之時，所見無非牛者。方今之時，臣以神遇而不以目視。」屠夫不單單是在看他的活計，他更是在用精神感知這項任務的內在能量。屠夫接著說道：「良庖歲更刀，割也；族庖月更刀，折也。今臣之刀十九年矣，所解數千牛矣，而刀刃若新發於硎。」屠夫解牛用的不是刀，而是感知，因此他的行道達到了出神入化之境——無為而治。今天，我們的目標就是面對身邊不斷擴展的種種連接時，不要只將它們看作手機、數據、難民或市場編織起來的網絡，而要透過現象看本質。

在未來的某個時候，我們都會遇到這樣的情形：一切舊的觀念或感覺都無法幫助我們理解所發生的事情。那是最壞的時候，但也是最好的時候。近些年來，我們已經提前經歷了太多這樣的震動——恐怖襲擊令人措手不及，經濟形勢急轉直下，舊政府垮臺，大公司破產。第七感將解釋這一切發生的原因。幾百年前，人們渴望自由，社會需要工業化，但只有少數革命者看到了其中蘊藏的力量；同樣，在今天的網絡時代，我們似乎依然沒有看到其中蘊藏的力量。

拿破崙的感知力

能夠聽到歷史進程中事物內在聲音的種種變化，無疑代表著領導力和成功，這在革命年代尤為突出。讓我們看看歷史上的這次戰役，一八〇六年十月，……

……在歐洲戰場上，拿破崙令對手們最感害怕卻又最為折服的，是他對戰爭獨到的、近乎玄妙的洞察力。他可以透過戰場看到背後潛在的種種可能——確切地說，不是可能，是定局，而那些年長的名將卻看不透。拿破崙這種超凡的洞察力被對手稱作「慧眼」，即對力量波動的瞬間感知力。他看到了戰爭蘊藏的力量和真相，其對手囿於過去的習慣思維且欠缺創新能力，以致被蒙蔽了雙眼。普魯士著名軍事戰略家卡爾・馮・克勞塞維茨（Carl von Clausewitz）因耶拿戰役慘敗被拿破崙俘虜。被囚期間，他著手為後來成書的西方戰略經典《戰爭論》（On War）收集並整理資料。書中寫道：「天才從不墨守成規。」馮・克勞塞維茨認為，過去的兵法書將正確的戰略歸因於勇氣、幾何計算，甚至運氣，實則不然。具有高超戰略思想的人擁有感知內在力量流動的能力，這種力量能使舊的方法在頃刻之間變得不起作用，甚至危險重重。克勞塞維茨的見地在今天同樣適用。商業、政治、戰爭領域的戰略天才擁有類似的瞬間感知力，他們將目光投向世界，能夠在頃刻間看到各種網絡的潛在力量，並釋放這種力量。

七

現實與虛擬世界的自處

歷史學家在研究人類歷史的漫長進程時，通常並不以百年為單位，而是將其劃分為具有重大意義的「歷史性」時期和相對平靜的時期。在「歷史性」時期，海嘯般的大變革將舊秩序徹底吞噬；在平靜時期，光陰如靜靜的河水慢慢流淌。……

一股不可避免的力量突然產生，打斷了一段相對穩定的時期——今天，這種感覺同樣縈繞在我們周圍，就像在舊時代的結尾與新時代的開篇之間插入一個斷點。今天，我們並未完全理解，還不能自由掌控種種脈衝和連接，而它們正在如火如荼地運轉，常常超出我們的想像。不可否認，這些力量正在拭去一種體系，但同時也在培植另一種體系。

我們面臨的問題是，必須學會同時看到新舊兩種力量。感知現實世界與看清虛擬力量同樣重要。因此，既要有能力感知擁有汽車、學校和戰鬥機的現實世界，也要有能力感知擁有人工智能、DNA數據庫、計算機病毒的虛擬世界，同時要明白，力量在現實與虛擬間相互流動、相互影響。……

……朋友對我中國之行的建議——既要精通兩國語言又要熟悉兩國文化，同樣適用於未來我們並不熟悉的領域。面對新的網絡時代，我們必須深諳它的語言與文化。

……想要同時看到現實與虛擬，看到兩者相互融合、相互影響的方式，的確需要具備一種新的感知力。……擁有了這種感知力，我們就能像拿破崙一樣，透過戰場看出工業化戰爭的巨大潛能；或像愛因斯坦一樣，觸及物理學更深層次、他人看不見的真理，把牛頓甩在身後。愛因斯坦後來回想令他發現相對論的一次次飛躍時，寫道：「發現這些定理沒什麼邏輯可言，僅僅是憑直覺。」之後的若干年裡，人們追隨這兩位巨人的腳步，進行一次次殺傷力巨大的工業化戰爭，用相對論探索宇宙的奧祕。但總要有人先行，向我們呈現新的力量，那些我們需要經過訓練才能看到的力量。

沒有人知道，從現實與虛擬的交鋒中和無處不在的連接中走出的未來會為人類構築一個信息天堂，還是夢魘般的地獄。這在很大程度上取決於未來數十年的抉擇，取決於擁有第七感的人，甚至可以說，取決於本書的讀者。

八

第七感的學習

為什麼要從太湖之濱開啟這趟旅程，去探索今天我們周圍這個風起雲湧的世界，儘管它依然令人迷惑甚至難堪？為什麼要從南懷瑾大師體現的慢文化態度入手，將這種思想傳遞開來，如一杯溫潤的清茶慢慢品味，在緊要關頭保持足夠的冷靜？這不僅是因為，如南懷瑾大師所言，行進越快越感不適；同時也因為，要訓練一種感知、一種看待世界的全新方法還需幾分沉靜。在一次次不慌不忙的談話中、在耐心十足的尋根究底中，才會源源不斷地孕育出對萬千事物本源的洞悉。與真理針鋒相對而看清事物的本質，同樣可以從與音樂和文學的微小衝突中獲得。南懷瑾大師盡心傳授的，是數千年流傳下來的哲學經驗，東西方哲學的共通之處，即要產生一種新的感知，無論是對正義、真理，還是對美的感知，都需要重組我們的思維，而這唯有通過慢節奏的沉思來實現（這也是遠離恐懼的最佳方法）。在變革的初始階段，應當用心尋找那些靜止的、定格的時刻，才能在快如光速的網絡世界中停頓片刻，好好思考各種網絡系統的運轉目的以及給人類帶來的影響。南懷瑾大師早年跋山涉水去往峨嵋山頂的修行之旅是我們每個人多少需要效法的，這樣才能獲得新的視角，實現思維的重組。人們或許會說，南懷瑾大師視為政治家榜樣的蘇秦，在讀書疲乏欲睡時用錐子刺進大腿，倒也算得上一種精神的象徵。將錐子刺進大腿，停下來，思考，甚至經歷更加艱難的過程——等待。

不同的第七感

依我所見，事態將如此發展：未來的數年裡，在擁有第七感（無論是天賦使然，還是後天訓練得之）和沒有第七感的人之間將展開一場鬥爭。確切地說，這場鬥爭已然開始。新出現的網絡力量正在衝擊商業、政治、戰爭、科學等領域中的舊力量。隨之而來的是新時代的誕生，因為不具備第七感、感知不到網絡力量的人將在鬥爭中敗下陣來，就像任何試圖阻止未來的人往往以失敗告終一樣。新時代同樣會爆發激烈的衝突，形成具有歷史意義的較量，只不過是在同樣擁有第七感、但對第七感持不同理解的人之間。利益、理想和目標的不同，將使擁有第七感的人分化出不同的鬥爭力量，導致不同網絡間的對抗。在連接無處不在的新時代，一些人群的計劃是美好的，另一些則是邪惡的；反正，贏家都是冷酷無情的。接下來的發展更加不可思議——擁有第七感且在上一場較量中獲勝的人，與他們建立的連接、機器和智能系統之間將上演一場戰爭，一場人類感知力與機器感知力的大戰。這場大戰的走向如何尚難下定論。但此時此刻，至少可以這麼說：未來出現在人類面前的會是冷酷的挑戰，我們要做的就是全力避免這種情況的發生！

節選自《第七感》第一章

三　南師倡導佛學與科學相交流

作者：朱清時
中國科技大學近代物理系畢業
英國諾丁漢大學、日本創價大學名譽理學博士
英國皇家化學學會會員（FRSC）
中國科學院院士
第三世界科學院（TWAS）院士
曾任：中國科技大學校長
南方科技大學創校校長

南懷瑾老師的百年誕辰到了。九十七歲的劉雨虹先生親自打電話給我，要我為她主編的紀念文集寫一篇文章。我想在文中回顧這些年來跟隨南師學了什麼？懂了哪些？然而由於篇幅所限，本文只聚焦於關於科學與佛學的問題，講我在南師指導下的思路歷程，實際上是一份學習心得。

（一）初見南師如故友

二〇〇四年六月十九日中午，我從合肥飛到上海，從機場直接到康平路附近的一棟別墅見南師。

他一開始就問：你的名字是不是來自一首唐詩？接著說出杜牧的詩句：「清時有味是無能，閑看孤雲靜愛僧」。我很吃驚，因為在我一生中，雖然見過許多文人學者，但從未有人想起杜牧的這首詩。後來南師曾多次對人說，我父親給我取的名字「一語成讖」。

靈魂掉在後面

當時我知道他是難得一遇的精通儒、釋、道的大師，還曾在兩岸關係的「九二共識」上為國家民族做過重要工作。這次我專程去見南師的目的，是想問一個困擾著我的問題：現在科技發展很快，大家忙於享受和趕上潮流，都沒有靜下心來想想，人的本質是什麼？我們究竟需要什麼？一般人不去想這個問題，他們覺得跟著科技進步走就行了。然而現在發現了問題：人們走得太快了，靈魂已掉在後面，我們該怎麼辦？

最近網上流傳的一段話，說明大家對此都有同感：「在這個魚龍混雜的世界，善良有時候仿佛成為了一種禁忌。為了保護自己，我們收起善良，為了防止意外，我們放棄了善良。」

我一直在思考這個問題，與我的背景有關。我長期從事化學研究，知道化學化工給環境帶來了始料未及的污染。綠色化學可以不污染環境，但是發展舉步維艱，根本的原因是有些人不願意犧牲自我利益，承受更大的成本，去為別人和未來考慮。

核時代的失心瘋

上世紀六十年代，我在大學的專業是核物理，這是那時年輕人嚮往的尖端學科。核能和核彈無疑是科學的重大成就，然而後來知道，人類現在已生活在核毀滅和核污染的恐懼之中。世界上風起雲湧的禁核運動，就說明如果有後悔藥，不知道大家是否還會去研發核科技？核能本身是好東西，但是核能不僅污染無法消除外，而且力量太大了，以前每個人心念的善惡之差只能影響一個小圈子，現在核能使其影響力迅速放大。因此人心善惡在核時代變得非常重要。

人工智能對人類的影響可能比核能和化學更大、更根本。現在它的發展很快，將來會使很多人都失業。這種失業不像過去那樣重新學習新技能可以克服，而是根本不再需要很多人工了，因為人工智能比人幹得更好，成本更低，更可靠，而且幾乎可以取代人做的所有工作。然而掌握人工智能的只是少數精英，其他人都用不著了，那剩下的人幹什麼？這些人到哪兒去掙錢？如果財富不能真正讓大眾分享，社會就有災難。

我去見南師就是談這件事，向他請教。為何現在善良反而被很多人認為是犯傻？人類怎樣才能學會合作共存，用慈悲代替仇恨，用善代替惡？南師對這個問題也很感興趣。他多次說，二十一世紀人類最大的問題，就是「失心瘋」。南師講，中國的傳統文化，無論釋、儒、道，核心問題就是修心。佛教的宗旨就是「諸惡莫作，眾善奉行，自淨其意」，而且佛學有一套系統的理論來說明為什麼必須自覺地這樣做。

業力　果報　自我約束

南師告訴我，佛學體系的核心是「因果」，俗話說就是「善有善報，惡有惡報，不是不報，時候未到。」《大寶積經》說：「假使經百劫，所作業不亡，因緣會遇時，果報還自受。」這個體系的關鍵是「業力」。相信業力，相信因果，人生就會向善去惡。

南師的話使我想起，在我小時候，母親這些長輩的人說某人哪件事做得不好，都說那人「造孽」。這就是當時社會上的觀念：人不能做壞事，做壞事是有業報的。當社會上還有這種觀念時，每個人自我約束就有基礎。在民間，這個基礎已經延伸了數千年。在科技迅速發展的今天，每個人都更需要自我約束，然而現在卻沒有了因果業報觀念，社會問題越來越多。

最近幾十年，科技高度發展而且深入人心。由於科學的體系不能包含業力，無法證明它，人們就認為佛學的業力、因果是迷信。於是大家都不相信它，把它拋棄了，又沒有可以替代的東西。道德底線沒有了，就是把「靈魂丟在後面」。

科學與佛學相同處

我對南師說，雖然目前的佛教界中有不少迷信的東西，但是真正的佛學也有一些觀念已經得到了科學證實。比如佛學的「萬法皆空」，認為萬事萬物都是「無中生有」地產生的。現在探索宇宙誕生的科學家們，也發現我們的宇宙是從虛空中「無中生有」地產生的。另外還有些佛學思想不被科學認可，並不是因為與科學矛盾，而是科學的體系沒有包含它們。比如人要善良、慈悲、共享，這是人類共知的真理，與業力因果有密切的關係。但是目前的科學體系不包括它們，當然無法證明它們。甚至進化論的「物競天擇，適者生存」法則，反倒使人認為有理由自私。

南師說，目前是科學時代。在二十一世紀，所有宗教都必須去除迷信，與科學相結合，否則只有消亡。他鼓勵我用科學的方法來看看佛學的思想體系中有沒有一些道理。這個問題很困難，我知道自己很可能不成功，然而這個問題如此重要，探索一下當個鋪路石總是值得的。

南師對生命科學和認知科學很感興趣，他說佛學與科學最接近的內容，是《楞嚴經》和唯識論。這些他以前都講過，以後還會給我講。

我們首次見面，從下午兩點談到六點。結束時南師說我像他年輕時的一位朋友，大家開玩笑說是老友重逢。然後南師留我同到長發花園他的住所晚飯，他讓宏達找出一瓶珍貴的陳年茅台。我雖然出於禮貌只喝了一點，但至今回憶起來仍餘香滿口。

（二）佛學既能引人向善　又與科學相容

首次見面一個月後，二〇〇四年七月二十一日至二十九日，南師就在蘇州吳江七都的「君廬別墅」為我們開堂講課。

在《南懷瑾先生年譜（簡譜）》中這樣記錄了這次活動：「與中國科技大學聯合舉辦『中國傳統文化與認知科學、生命科學、行為科學』專題研討會」。其實這次就是南師講課，我們只有提出問題，並未作貢獻，這樣說是南師一貫的謙虛。

南師講了《易經》、佛學唯識論和修禪打坐，概述了包括佛學在內的中國傳統文化的精華。

佛學破除迷信

南師說，真正的佛學是破除迷信的。我們現在叫的「佛」，只是一個名號。佛是真正大徹大悟睡醒了的人，並沒有說自己是世界的主宰。我們這些人是還在睡覺的笨蛋。一切眾生都本具佛性，不過自己迷惑找不到了，佛法教我們如何去找到它。「人人有個寶，埋住了，找不到，佛法教你怎麼辦。」宇宙的最高真理叫真如，由於「靜極生動」、「陰陽互變」，真如會轉化成它的陰面——阿賴耶識，它既不是物質，也不是意識，而是物質和意識以及萬事萬物的本體。

隨後的八年中，南師為我們講了《楞伽經》《楞嚴經》、唯識學和《達摩多羅禪經》，我逐步開始理解南師講的上述道理。這裡寫下大致思路。

打坐可重塑大腦

如何找到每個人的阿賴耶識這個寶呢？只要把埋在它上面的塵土去掉就可以，這些塵土就是你頭腦中不斷產生的雜念。然而，要熄滅這些雜念很難。你越想熄滅它們，越熄滅不了，因為在大腦（佛學認為與六識有關）參與時，熄滅雜念的想法本身也是一個雜念。要擺脫大腦的參與，熄滅這些雜念，需要在保持正念和正見的狀態下長期訓練，讓神經元連接組新生，把大腦重塑成只產生正念和正見，從而忽略其它一切雜念（「不住念」）。修禪打坐就是一個途徑。目前國際上已有許多科學實驗成果，說明打坐可以這樣重塑大腦。

什麼是正念？念念合於明白真相的智慧境界就是正念，包括善良慈悲。為何大腦需要保持正念呢？因為只有大腦保持正念，阿賴耶識才能被正確認知和淨化。在佛學中，阿賴耶識被習氣牽引著運轉，所以習氣又被稱為業力種子。它們是這樣產生的：第八識阿賴耶識本無善惡，但在它生出第七識末那識後，第七識旋即回過來又影響它的母體第八識，薰習生成第八識中的業力種子才表現出善惡。第七識由於「自我」，本以為給自己的母體進貢的全是好東西，可沒有想到卻會在第八識中化為污染。第七識影響第六識意識，令它指揮前五識的活動。第六識也會倒轉過來影響第七識，兩種識相互影響使人依慣性行事，令習氣更加堅固。一個人的習慣、興趣、愛好、思維模式、潛意識，乃至知識，都是習氣。第六、七兩識互相薰習，形成一種不斷得到強化的習氣，儲存在第八識中，成為業力種子。如果在第六識中保持正念，可以使阿賴耶識含藏的種子淨化，沒有業力污染，這樣一來受業力牽引生出的虛妄不實的灰塵就會逐漸消失。

保持正見的大腦

為何大腦需要保持正見？正見就是知道一切事物的真相。保持正見，你就知道一切貪、嗔、癡產生的雜念虛妄不實，才能不在意和忽略它們。事實上，科學也是關於物質世界的正見。例如，有現代科學知識的人更容易相信「萬法皆空」。因為科學已發現，我們的宇宙包含大約1080個基本粒子（夸克和電子等），它們曾被看作是建造物質世界的微型磚頭。後來物理學家發現，這些基本粒子可能不是磚頭這樣的實體，而是弦上發出的聲音。最近物理學家又進一步認為，物質世界的本體是量子比特（可以互變的０或１）的海洋，光波、基本粒子都是這個海洋中的波動旋渦，物質世界就是從這個信息海洋的波動漩渦中浮現出來的，真的「如夢幻泡影」。

真如——阿賴耶識真的存在嗎？最終回答需要體證，這不在這篇短文的範圍內。這裡只從義理上做些探討。佛學中的真如「本寂無諸相，猶如虛空不分別」，這就是說在真如——阿賴耶識中似乎不存在任何事物

（「空」）。然而它雖空卻不是什麼都沒有，而是具有「靈覺性」，這就是說真如——阿賴耶識具有最高的智慧，其中包含著產生萬事萬物運行的規律法則。由此可見，真如——阿賴耶識的概念與產生物質世界的信息海洋概念是相通的，而且它們都與柏拉圖和黑格爾哲學認為的「絕對理念」概念相似。

柏拉圖和黑格爾的絕對理念先於物質世界存在，正如要造張桌子，先要有桌子的概念。如果先有理念，後有物質，就可以把人文道德與物質科學整合成同一的文化，因為人文道德不能從物質科學中推導出來，是直接從絕對理念中來的。

佛學倡導的善良慈悲，就是直接來自阿賴耶識，因為如果宇宙萬有源自阿賴耶識，那麼「同體大悲、無緣之慈」就是自然的事了，也是儒家觀念的「民胞物與，物吾與也，仁民愛物」。阿賴耶識還能生出物質世界，就像信息海洋可以產生出物質世界一樣。這個問題在過去非常複雜難懂，在現在的信息科技時代已不難理解。比如「駭客帝國」電影中那樣的世界為何有可能成真？道理是一樣的。現在的科學家們已經提出，我們的宇宙可能只是用信息虛擬的，就像一個巨大的電子遊戲裡的存在。如果在高維的世界中，有一個比人類智慧更高的物種，他們中有一位超級程序師，在一臺超級電腦的三維螢幕上虛擬「生命遊戲」，用0和1組成的比特流模擬出星辰的升落和星系的形成；整合生物化學法則，觀察生命的進化、不同文明的成長；賦予人類以意識，觀察他們的悲歡離合。而且這一切會與我們的感覺一模一樣。按照圖靈定律，我們無法知道自己不是一個由電腦生成的角色。當然這個例子只用於說明信息何以能產生我們感知的物質世界，佛學並不認為我們的世界有任何擬人化的主宰。

外境色法　主觀心法

在有關物質世界的問題上，佛學與科學並無根本矛盾。「法相」一辭是玄奘法師創立的，意指宇宙中萬事萬物的現象。按照法相唯識學，阿賴耶識在習氣牽引下顯現出三種「境」：性境、獨影境（類似幻覺）和帶質境（類似錯覺）。性境可分為物質與精神兩類，兩者的區別在於，物質類的境要產生，不僅需要第八識中含藏的色法種子，還需要地、水、火、風這四大色種作為材料和能源，就像蘋果樹的種子是能生親因，然而仍需水、肥料、陽光才能長出來一樣。這些有形之境遵循色法的規律（等同科學規律）變化，雖然在根本上它們乃是阿賴耶識所變現的，但是不直接隨我們的主觀意識（第六、七識）改變，我們就認為它們是客觀的。眾生的六識通過六根與外界互動，包括改變外境的色法，但是這種改變是遵循色法的規律，不是主觀意識直接造成的。

科學研究的是色法的規律，而佛學關注的是心法及它們與色法的關係。科學也是佛學需要的有關色法的正見。與科學不同的是，佛法認為每個人死後，他的第八識中的業力種子及這些種子的記憶都在。在阿賴耶識這個倉庫中的業種子，永遠不會失掉和變質，它們遇到緣就起現行，就是果報，因緣會遇時，決定要受報。「一切諸報，皆從業起；一切諸果，皆從因起；一切諸業，皆從習起。」（《華嚴經》）這點還需要求證。

（三）南師宣導佛學與科學相結合

南師一生融通儒釋道，他的一個歷史功績，就是他提倡儒、釋、道傳統文化與科學相結合研究，交流、參考、互補，並且在佛學與科學交流上做了影響巨大的工作。

南師常說自己是「二楞子」，指他有兩部重要的佛學著作——《楞嚴大義今釋》和《楞伽大義今釋》。在《楞嚴大義今釋》的敘言中，他說：「在這個大時代裡，一切都在變，變動之中，自然亂象紛陳。變亂使凡百俱廢，因之，事事都須從頭整理。專就文化而言，整理固有文化，以配合新時代的要求，實在是一件很重要的事情。」

科學為基礎　哲學為論據

「科學一馬當先，幾乎有一種趨勢，將使宗教與哲學、文學與藝術，都成為它的附庸。這乃是必然的現象。我們的固有文化，在和西洋文化相互衝突後，由衝突而交流，由交流而互相融化，繼之而來的一定是另一番照耀世界的新氣象。」

「這本書的譯述，便是本著這個願望開始，希望人們明瞭佛法既不是宗教的迷信，也不是哲學的思想，更不是科學的囿於現實的有限知識。但是卻可因之而對於宗教哲學和科學獲得較深刻的認識，由此也許可以得到一些較大的啟示。」

「佛教雖然也是宗教，但是一種具有高深的哲學理論和科學實驗的宗教。它的哲學理論常常超出宗教範疇以外，所以也有人說佛教是一種哲學思想，而不是宗教。佛教具有科學的實證方法，但是因為它是從人生本位去證驗宇宙，所以人們會忽略它的科學基礎，而仍然將它歸之於宗教。可是事實上，佛教確實有科學的證驗，及哲學的論據。它的哲學，是以科學為基礎，去否定狹義的宗教；它的科學，是用哲學的論據，去為宗教做證明。《楞嚴經》為其最顯著者。研究《楞嚴經》後，對於宗教、哲學和科學，都將會有更深刻的認識。」

在他之前直到現在，也有別的善知識做了一些佛學與科學結合的嘗試，然而只有他，基於對佛學的深邃理解，做的嘗試最有意義。《楞嚴大義今釋》和《楞伽大義今釋》是其代表作。不僅如此，南師還使用他的影響力，對宗教的現代化運動做了貢獻。

給宗教局的信

在我首次拜訪南師之後，二〇〇六年四月，兩岸三地佛教界發起的第一屆世界佛教論壇在杭州和舟山召開。會後南師收到國家宗教局送的論壇材料，他在回信中向國家宗教局提出了他一貫主張的釋儒道與科學相結合，原函如下：

五月間，收到所贈「首居世界佛教論壇」資料彙編等物，本欲馳函致謝，因事務繁劇，拖延至今，見諒。

當今世界，宗教與宗教、宗教與政治、宗教與民族、宗教與科學，都在互相排蕩滲透，真是好不熱鬧。如何吸收古今中外經驗，配合智慧的揀擇與創新，制訂政略，的確是嚴重的大政治與文化課題。局長肩負責任不輕啊！

幾十年前，我曾在公開演講中提出，廿一世紀之宗教，須除去宗教外衣，與科學相結合，才有前途。否則，在表面熱鬧的背後，或墨守陳規、食古不化，或自欺欺人、越走越遠，或變成國際政治滲透工具，僅餘微弱之勸善與麻醉作用。如儒釋道三家之真正寶藏，至今未能與領頭時代之科學相互參證，為人類文化真正做出貢獻，殊為可惜可嘆！

目前，我以耄耋之年，正在江蘇吳江創辦「太湖大學堂」，以傳統書院之傳習方式為基礎，配合現代前沿科技研究方法，希望綜合同志者之力，發掘固有傳統文化之精華，在認知科學、生命科學主流方向上有所貢獻，以冀為人類文化前行，探尋一條正途。目前，已有國內國際數所大學等機構前來合作參與。你有空，也可來看看。據說你曾指示江蘇省宗教局長來看我，待我稍得空時，即請他來玩玩。

餘不贅。

專此致謝並祝

公綏

丙戌季夏 二〇〇六年八月卅一日

佛教與科學展開對話

第二屆世界佛教論壇是二〇〇九年三月二十八日在無錫召開。會前，二月十三日，國家宗教局負責人來廟港訪南師。南師在談話中，推介了我呈給他的，用科學方法分析佛學的學習心得報告給這位負責人，並提議約我聊聊。隨後我被邀請參加這次論壇，並擔任論壇新設的「科學與佛學」分會場兩位共同主席之一。從新華社當晚發的新聞中，可以大致瞭解這個分會場的情況。

新華網江蘇無錫三月二十九日電（記者李建敏　石永紅　桂濤）釋迦牟尼的弟子們與科學界人士二十九日在中國無錫進行了一場罕見的、面對面的坦誠對話，主題是發掘佛法在科學技術時代的獨特價值，推動佛教隨順時代因緣而弘法利生，為當代科學與宗教的和諧發展、為共同構建和諧社會做出貢獻。

這場對話是第二屆世界佛教論壇的一個分論壇，短短三個小時的研討吸引了近兩百人旁聽，小小的會場座無虛席，遲到的人只能站在過道或兩旁。

佛教界人士和社會科學專家表示，佛是人，而不是神，佛教相信每個人的命運都掌握在自己手中。佛教其實並不推崇科學的敵人——迷信，相反，佛教是推崇理性、反對迷信、注重因果的，它包含著豐富的辯證思維內容，並一向支援科學技術發展。（新華網〈中國推動佛教與科學展開對話以共建和諧社會〉2009-03-29 20:20:05）

物理學步入禪境

我在會上作了「物理學步入禪境：緣起性空」的演講，會後收入文集，受到佛教界內外關注，在社會引起了爭論。關於有人說我宣傳迷信的問題，其實早在二〇〇四年君廬別墅講課時，南師就說過：「真正的佛法是徹底不迷信的。所以隨便給朱校長戴上一個迷信的帽子是行不通的。佛在求證，他也在求證。」

南師在世時，我們經常都把學習心得呈給他，請他批改。現在我謹以這篇短文，作為呈給他的又一篇學習心得，以紀念南師誕生百週年。

四

天香桂子落紛紛——憶南懷瑾老師的愛國情懷

作者：陳佐洱
現任：全國港澳研究會創會會長
曾任：大陸港澳事務辦公室常務副主任
中英聯合聯絡小組中方代表
全國人大香港特別行政區籌備委員

著作：《交接香港》
《青春剪影》
《大竹嵐啊大竹嵐》
《芳草遍地》
譯作《布拉基諾歷險記》等

剛赴香港參加了紀念回歸廿週年的系列活動，又來到秀拔奇偉的武夷山水之間，為閩港澳大學生夏令營授課。

茶與南老

坐落在景區邊松竹林中的瑞泉岩茶廠，請我和福建省國際友好聯絡會宋會長一行喝茶。好客的茶藝姑娘沖泡了大紅袍中的素心蘭、岩香妃、肉桂……博得我們一次次讚賞。這時，茶廠的黃老闆手握一支金黃色紙包出現了，說「我給你們品嘗一種獨一無二的茶，是用五六種岩茶專為南老——南懷瑾先生拼配的大紅袍。」我接過紙包看，上面果然有熟悉的老師墨跡「瑞泉號」三個字，左下落款是「九四頑童南懷瑾」加紅色印鑑。

「你見過南懷瑾先生嗎？」我問。

「沒有。」黃老闆遺憾地說，「我們是通過他的弟子供茶，南老覺得比臺灣鐵觀音更對口味，還為茶題寫了名號。」

這款茶果然別致，不僅香清色濃味醇，茶水似乎發亮，嚥入喉後，滿嘴甘味生出一股奇妙的靈氣，讓我陷入神馳念想。我也是在九〇年代中有幸拜會南老師的，那是一生中一個最困難的時刻。

彭定康給香港埋釘子

一九九五年冬，我出任中英聯合聯絡小組中方代表駐港已近兩年。雖然南老師在香港潛光隱耀，但他的「亦儒非儒」、「是佛非佛」、「推崇道家又非道家」集中華文化之大成的才學，早已如雷貫耳，而且對他促進兩岸和平統一的貢獻，也曾從汪道涵會長那兒略有所聞。我託請一位與南師相熟的朋友引見，附電話號碼、便箋遞上數月無回應。不料十一月底，我因揭露末代港督彭定康臨撤退前假充「好人」、給未來香港埋釘子，以每年百分之廿七的速度連續五年大幅提升社會福利、而且揚言還要搞五年。我指斥這是個陰謀，好比在崎嶇山路上開高速賽車，用不了多少年可能「車毀人亡」。

我對彭定康的指責，遭到了惱羞成怒的彭定康和一眾港英高官強烈反擊，一星期內炮製上千篇大小文章圍攻我。更使我難受的是一批不明真相的老頭老太也被挑動，舉著破輪胎到中代處門前「抗議示威」。在這面對內外壓力的艱難時刻，我接到了南老師辦公室的來電，老師決定約見我。

我驚喜地得悉，原來南老師的會客場所與中英聯合聯絡小組談判樓，同在一條堅尼地道上，僅隔了四棟樓宇，談判樓是二十八號，一座築在小山包上的意大利式二層小樓；老師的會客公寓是三十六號B，第四層樓。

一花一世界

按鈴一進門，就看得見大玻璃窗外鬱鬱蔥蔥的香港公園，轉身面對是一幅很大的莊嚴美麗的彩墨國畫，幾乎滿牆壁都是，畫面上一池荷葉蓮花，畫作的左上方恭正隸書著禪意深邃的十個字「一華一世界，一葉一如來」。後來才知道，畫和字都是老師的高足、二位臺灣藝術家所作。老師應該很欣賞這幅畫，從香港的堅尼地道到廟港的太湖大學堂，都在會客廳裡掛著它。也許老師希望每一位來客都能用心感悟到，大千世界裡的一花一葉雖然渺小，但同樣涵蓋著時空間萬有之共性，即釋迦牟尼佛所揭示的佛性，不必執迷於因個體現象而起的種種煩惱。

第一次拜會，老師就讓我和他坐在「茂盛的荷花池」對面。我正襟危坐，目不轉睛地注視著神清氣朗的老師，傾訴作為外交官維護至高無上國家利益和未來香港特區利益的艱難，以及由此遭遇的憋屈。他點著支菸，微微笑著，有時點一點頭，那種小說裡描寫的仙風師表，令人如沐春風。

教誨　勵志

然後是我聆聽他的教誨。他直入正題，侃侃而談，分析當下香港局勢，肯定我的立場觀點，全非老夫子式的說教。他領我站了起來，走到客廳朝海的窗戶前說，收回香港是何等艱難的世紀大事。你對英國人不要客氣，但有的時候也要忍一忍，心氣要高，心態要平和。要和香港的記者們多些聯繫，經常請他們喝喝茶，你缺錢我可以給你……

在他的言談中常常妙語連珠，還有精彩的旁徵博引、名句典故。見我反應遲鈍時，就抄起紙筆寫下明示，自從首次拜會的十七年裡一以貫之。為此，我得幸珍藏了除老師的親筆信函、贈我著作扉頁上題稱的「陳佐洱老弟」外，積有二十餘件墨寶。

例如為我勵志，他曾寫下明末清初「嶺南三忠」之一陳邦彥之子陳恭尹的詩句：「海水有門分上下，江山無界限華夷」，用詩人對南宋陸秀夫在珠江出海口崖門抱帝跳海的悲壯憑弔，喻意今日珠江口上的香港二百六十餘島仍被洋夷強占的屈辱史實。陳的詩基調悲壯，感慨遙深，我至今記得老師一字字書寫、講解的情景，更加覺得肩負收回香港和維護國家主權、安全、發展利益，保持香港長期繁榮穩定的重大責任。

大約是一九九七年的六月下旬，由於連續五個晝夜艱苦談判解放軍先頭部隊能否以及怎樣提前開進香港，以防止七月一日零時出現防務真空問題，所以有將近一個月未及造訪老師。當中英雙方達成一致的消息公布於世，我立刻抽空去老師府邸。我要告訴他，幾天前，談判陷入最難僵局的那個深夜，我在會議小休的coffee time，獨自走出談判樓，在花園的大榕樹下轉圈踱步，腳下是車人穿梭的堅尼地道和香港公園，海風吹得頭頂上的樹葉瑟瑟響，心緒煩悶的我折身東望老師寓所，多想即溫聽厲，再接受些提點。如今在中央指示下，經雙方努力，取得了圓滿結果，應該向老師報喜。

胡虜灰飛煙滅

果然，當主賓團聚在「人民公社」晚飯桌旁時，老師讓我「作報告」。南老師府上的晚飯歷來誰在誰都能上桌，流水席，大鍋飯。據說上世紀七十年代在臺灣講學時就這麼習以為常，那位「總政戰部主任」王昇曾戲稱為大陸的「人民公社」之「吃飯不要錢」。老師總是安排我坐在他右手邊的位子。他自己吃得很少，幾粒花生米，幾筷子小菜、魚，一小碗粥。他喜歡聽學生們自由開放地談古論今，只有在爭論不休、莫衷一是的時候，他才會像從雲端飄然而下，用爐火純青的平和語氣，一語中的給出個答案，而且往往是幽默的，深入淺出的，帶著警語、典故的，這是飯席最精美、豐盛的精神佳餚。

已經是香港回歸屈指可數的日子，廳堂裡洋溢著熱烘烘的喜氣，話題由我軍先頭部隊將踏上被強占一百五十六年的領土，轉到英國的「日落」、香港的明天。老師和大家一起興致勃勃地批判背信棄義的「三違反」者彭定康，又為我在兩張記事紙上寫下珍貴墨寶，一張是「日暮途窮，倒行逆施」——指彭定康為一己私利，攪局香港平穩過渡；一張巧改兩個字，推陳出新蘇軾《念奴嬌・赤壁懷古》中的佳句：「談笑間，胡虜灰飛煙滅。」隨著老師收起筆端，在場的所有人一陣哈哈大笑，笑裡盡是揚眉吐氣，充滿自豪。

大師回歸

香港特別行政區成立以後，我奉調回北京。不久，老師也秉持葉落歸根的思想，決定遷回內地。

老師僑居海外五十餘載，其間，為保存和弘揚中國傳統文化傾囊藏書達數萬冊，其中包括《四庫全書》《大藏經》《道藏》，多為古本、善本、珍本。還收藏有少量佛像、書畫、琴劍等，共計六百多箱。老師致信說，「這些藏品很珍貴，不僅屬於我個人，也是中華民族的寶貴財產。我已年至耄耋，這些藏品亦當隨同我葉落歸根，回歸祖國內地。」我接信後，當即居中協調。海關對於一般私人藏書通關的確有限制的規定，我建議海關總署作為特例處理，玉成了老師的美好心願。南老師逝世後不久，依法得以繼承的子女們一致宣布將把這許多遺物捐贈公益。因此，我又聯繫了文化部副部長兼國家圖書館館長周和平，周部長非常歡迎，並表示可以在國圖闢出地方，設立「南懷瑾捐贈文獻專區」。

老師回歸內地後，定居在吳江廟港鎮的太湖之濱，那裡的綠化和水質特別好，是上海市自來水工程引流太湖水的咽喉地帶。老師決定在這裡興建一座太湖大學堂，設計圖初成時，他在圖上指點給我看，興致勃勃像個少年人。他不辭辛苦歷時六年，看地、看風、看水，規劃、籌款、督察，終於讓無論規模、設施都堪稱一流的太湖大學堂建築群拔地而起。漫步波光粼粼、細浪拍岸的太湖堤上，聯想上世紀五〇年代臺灣基隆陋巷的授課堂，輾轉東西南北、直到湖畔這占地二百八十畝的教學基地，真是由衷地為老師的學問成功、人生成功高興。

而又有誰能想到，若干年後，老師最終在這兒化作一縷青煙，在這兒留下了無價的精神和物質的財富。

一山門作兩山門

我認同一位朋友與晚年南懷瑾先生深談後得出的印象，稱他一生致力於中國傳統文化的推廣傳播，是當之無愧的國學大師、詩人，著述豐厚，弟子無數；其實他最關心、在意的還是祖國的命運，始終樂意在促進統一大業中奉獻一份積極力量。老師剛回內地，暫居上海番禺路時，詢問我「一國兩制」方針和香港特別行政區基本法在香港開始踐行的情況。我向他報告，「一國兩制」是中國共產黨史無前例的創舉，從未有哪國執政的共產黨在建設社會主義的同時，還同意一小部分地方保持原有的資本主義制度不變。在國家統一的前提下，維護兩種制度長期和平共處，互相促進，是中國特色社會主義的重要組成部分。

南老師頷首贊同，說：「香港要靠牢這『一國兩制』，否則繁榮不了，穩定不了。」又沉思了片刻，當即為我背錄了白居易一首對仗工整、連用疊字、詩味回環的七言律詩《寄韜光禪師》：

一山門作兩山門　兩寺原從一寺分
東澗水流西澗水　南山雲起北山雲

前臺花發後臺見　上界鐘聲下界聞
遥想吾師行道處　天香桂子落紛紛

這首詩中的東西南北前後上下，頓拓無限空間，生出十方無界的超然感覺。我想，尾聯一句「天香桂子落紛紛」的點題，是道出了老師為香港「一國兩制，統一中國」情堅金石、不遺餘力的始終念想。

趙四郎牧牛

二〇〇八年四月，我離開國務院港澳事務辦公室，當選全國政協常委，不用天天「朝八晚五」上下班了。我南下拜訪南老師。老師問我知不知道宋代名臣趙抃？我坦承孤陋寡聞。老師就講了這位官至諫議大臣為人一生清正的故事，出行輕車簡從，只帶一琴一劍，死後被謚為「清獻」，即「清廉惠賢」的意思。老師又背錄了趙抃退休後寫的一首七言詩賜我：

腰佩黃金已退藏　個中消息也尋常
世人欲識高齋老　只是柯村趙四郎

老師講述前人的境界和心跡，是要我知道敬賢。

老師又讓宏忍師複印了一張明朝普明禪師的〈牧牛圖頌〉給我，〈圖頌〉由十幅牛的詩畫故事組成，展示了由淺入深、由勉力而趨於自然十個階段的開悟過程。老師又像站在講臺上寫板書，解釋〈牧牛圖頌〉是心性之學，是認知生命本性之學。我說身命得自於父母，慧命得自於所處的時代、社會環境和接受的教育，以及傳授知識的老師們。

在太湖大學堂住了一晚，翌日辭行時我告訴老師，經同事、朋友們多方建議，自己也有願望，把中英談判交接香港的最後一千二百零八天親歷寫出來，對國家、對一段歷史、對自己和至愛親朋作一份交代。老師很贊成，說：「這是為國家添一筆歷史，要寫真事，說真話。」

再訪南老

二〇一〇年九月下旬的一天，我再度驅車從上海來到吳江廟港鎮，拜訪南老師。老師略顯清瘦，戴了頂絨線帽子，衣服也穿得厚實了些，祕書馬宏達隨伺左右。這光景與十多年前老師在香港金雞獨立、執劍起舞能旋轉三百六十度，已不可同日而語。老師問我寫回憶錄的進展。我答，已經核實梳理完有關資料，開始動筆，打算用文學筆法，一個一個故事作為獨立章節，寫成可讀性比較強的紀實文學。他含笑說：「等你寫出來，我要看看。」我欣喜回答：「一定，老師也是香港回歸祖國的重要見證人！」

這次辭行時，老師要我在他的辦公桌旁坐下來，抽出一張空白A４紙，想了想，給我寫了兩句話：「水唯能下方成海，山不矜高自極天。」接著破天荒地寫下落款「庚寅仲秋於廟港」，並簽了大名。這來自孔氏家語、也是演變自《道德經》的精華，是可以管我一生作人做事的道理，卻未想到是老師的最後一次訓勉。現在反思，不由得一驚——正是兩年後的彼日彼時，他駕鶴西去，永遠離開了我們！

心慟的會面

二〇一二年九月，我的書《交接香港》終於以簡體字本和繁體字本，同時在內地和香港出版了。為了出席籌備已久的新書發布會，和二十個當地青年團體聯合座談，十八日我來到久違的香港。甫一下飛機，就接到老師的愛子國熙兄電話，告知南老師病重已送往上海醫院治療，他原定後天出席新書發布會的，現在卻急急匆匆往機場趕，飛去上海伺候父親。我問國熙能否在相向路上短暫見個面？他說「好」，立刻囑咐的士司機繞一段路。我倆在我下榻的酒店門口緊緊擁抱，心情都很沉重，都心照不宣，默默祝願老師能夠轉危為安。我在剛出版的新書上寫了請求老師閱正的話，請國熙轉呈。

後來，據守候在老師床邊的朋友說，國熙把《交接香港》舉在老師面前說：「陳佐洱的書出版了，請你指正！」處於病中的老師抬手畫了兩個圈

（表示加倍讚賞）。平時，老師給一個讚，都很難得。

悄悄地　我走了　不帶走一片雲彩

二十九日噩耗傳來。雖有思想準備，我仍跌坐在椅子裡久久起不來。皓月當空，淚出痛腸，許多回想、追思、懊悔充斥腦海，翻騰激蕩著。稍事平靜後，我用心向廟港的老師靈座發去了一副輓聯：

莊諧溫厲憶音容，獻後學遲交之卷，感公猶錫嘉評，向廟港凝眸，倘可深恩藉報？

困苦艱難蒙誨勉，抱高山仰止之忱，愧我幸無辱命，望中天滿月，不禁悲淚如傾！

學生陳佐洱　拜輓

五　「南」海蠡測——從四十年前受教於南老師二、三事說起

作者：袁保新
文化大學哲學研究所博士
現任：明新科技大學講座教授
曾任：中央研究院中國文哲研究集刊編輯
醒吾技術學院校長
明新科技大學校長
著作：《老子哲學之詮釋與重建》
《孟子三辨之學的歷史省察與現代詮釋》
《從安命到立命》
《從海德格、老子、孟子到當代新儒家》

《禪海蠡測》是南老師青壯年時期的作品，也是大家公認的傳世之作。這本書討論的是禪宗的大智慧，老師謙遜自稱是「蠡測」，意指用一瓢水去測禪海。其實，這部書是老師從自己的實證實修出發，字字珠璣，特別是寫作於困阨憂患之際，其用心之深，論涉之廣，早就公認是一部經典。上個世紀七〇年代，我因為就讀輔仁大學哲學系，得以親炙南老師，可謂人生一大幸事。但我資質淺，福德薄，雖有如此機緣，卻因為年輕時熱衷西方知識理論之學，始終在老師學問的門外打轉。七五年以後，沒有機會再親隨老師，所幸在我的親友之中，有跟老師學習的，四十年來倒是一直能讀到老師的書，聽到老師這些年為中華文化的傳承所投入的心血與故事，也漸漸地對老師的學問與志業有了新的體認。如今，老師的學問、生命，對我而言，亦深邃廣濶似海，而淺薄如瓢的我，就將四十多年前受教於老師的點點滴滴，記錄下來，謹供海內外方家及眾師友指正。

禪學大師與小桂圓

七〇年代的臺灣，雖然仍在戒嚴時期，但學風逐漸開放。當時大學裡流行著從歐美世界傳來的兩個思潮，一是存在主義，另一個就是「禪學熱」。我就是在這個氛圍中，被當時臺灣大學的聯考制度分發到輔仁大學哲學系。但還沒有到學校報到，長輩親友們就提供了有關學校裡師資的訊息，其中最有名望的就是禪學大師南懷瑾老師。我的姑姑當時也在聽老師的課，就再三叮囑我要好好追隨老師聽他的課。

但是，憑良心說，一個臺灣升學主義下長大的年輕人，什麼都不懂。中學階段，根本就沒有接觸過哲學，所以，我對哲學系裡的課程，像一張白紙，沒有好惡，但全都有興趣，也全都摸不著邊際。一年下來，倒也讀得很開心，其中，對於西方哲學在知識理論系統下，通過嚴謹的概念及邏輯推理，所展開的分析論辯之學，特別有興趣。

大二，系上開了「中國哲學史」，授課的教授就是南老師。對於這門課及南老師，我充滿了期待的熱忱，因為我知道作為中國人，我的心智思想的探險，遲早要回歸到這個領域。可是，不到一個月，我的熱情就逐漸消褪，現在回想起來，原因就在老師的學問與我們這些毛頭小孩，落差太大。老師當時教學不用教科書，雖然依著年序，由孔孟老莊一路講下來，但是老師常常一時興起，天馬行空的展開，對我們這群臺灣高中教育上來的小鬼而言，「猶河漢而無極」，既不知文獻出處與依據，也沒有知識基礎去提問。當時，我只感覺老師的學問很大，儒釋道三教，經史子集，往往信手拈來，如數家珍，聽來覺得很精彩，但是一堂課下來，卻連筆記都做不下來。課後也只記得一些零星片段，卻始終沒有個理緒，把老師的講學連貫起來。因此，當時無知的我，因為在老師的課堂上找不到如西方哲學裡，可以在理論系統下嚴謹操作的推論程序，不禁懷疑起老師是不是一位哲學家，甚至誤認為老師只是一位博學的文化史家。

退到後排的人

在學習熱情減退的情況下，我將我在課堂裡的座位，由第一排撤退到最後一排。老師的課，是哲學系與中文系合開，上課的人超過兩百人，是間大教室。那天，我坐在最後一排，以為天高皇帝遠，就堂而皇之地伏案小睡。卻怎麼也沒有想到，課上到一半，老師要後排的同學把窗戶關起來，因為有同學在睡覺，不要著涼了。我一聽，老師不是在說我嗎？於是，不好意思地又坐直，聽起課來。可是，心裡還是老大不甘願。這時，老師一時興起，講古論今，對時下年輕人的知見有了批評，說到不同的時代，養成的人才也有格局器識的大小差異。「像你們這一代，就是小桂圓的時代」。我聽了，心裡更不是滋味，決定要和老師調皮問難一下。剛好老師講課的進度進入到了道家老子。老師突發議論，指出傳統解《道德經》第一章，總是把「道可道，非常道」的第二個「道」，作「言說」解；但這是一個錯誤的解釋，因為先秦文獻中的「道」，從未作「言說」來使用。我聽了，心頭竊喜，認為這一次老師出錯了，因為前天我讀《大學》還看到「道得眾則得國，失眾則失國」，這裡的「道」就是作「言說」解。

挑戰老師

下課，老師慣例坐於教室講桌前點起了香菸，我則喜孜孜地上前表示，我有問題。

「為什麼我們這一代就是小桂圓的時代？

老師你說先秦文獻『道』沒有作『言說』解，可是我明明看到有文獻作『言說』解！」

老師笑瞇瞇地看著我，抽了口菸，徐徐地說，「臺灣生產桂圓，去年風調雨順，桂圓個大汁多肉美；今年，雨水不足，生產的桂圓就是個小肉薄。這也是沒有辦法的！」。老師一副「然而無有乎爾！則亦無有乎爾」的樣子。接著，臉色一正，說道先秦文獻「道」有作「言說」解，「你有證據嗎？拿證據來！」老師這一問，可把我震懾住了，因為我根本記不住文獻。我只好表示，我下次帶證據來。老師繼續抽著菸，微笑望著我，我則悻悻然自討沒趣地離開。

這個故事當然沒有完，隔了一週，我帶著文獻，還沒等到上課，就衝到教授休息室去找南老師。

我跟老師說，我帶證據來了。老師則全然忘了這件事。我重述了上週問難的情節，老師想起來，突然哈哈大笑，伸出手，要我坐在他旁邊，然後遞給我一支菸，表示「你這個年輕人很聰明，獎勵你一支菸，但讀書不要讀死書，要能活用呀」。我見老師也接受我的證據，於是也第一次地正式表達，我的長輩中也有在老師門下聽課，她們要我好好追隨老師。老師聽了，很開心，又問了一些家中的事，囑咐我以後下課要回臺北，可以搭他的便車。從此，禪學大師南老師到輔仁上課，就多了一個小桂圓跟班，時間差不多有一年多。

傻小子　讀什麼哲學　為什麼不去學天文學

經歷過「小桂圓」事件，我和南老師的關係確實親密了許多。但是，在中國哲學的探索上，我要承認，我還是摸不著頭緒。而老師之於我，則像照顧隔壁鄰家小孩一樣，每次下課，總是問我要不要跟他回臺北。在新莊回臺北的路程上，一老一少有一搭沒一搭地閒聊。他從不主動的問我最近在讀什麼書，也不會問我在中國哲學的學習上有什麼問題，他好像知道我這個年輕人註定要跌跌撞撞地走自己的路，所以也無意影響我。我們車子到了臺北，在衡陽路附近下車，依照慣例，他找了一家可以吃簡餐的咖啡廳，兩個人點了炒飯、咖啡，邊吃邊聊。那天，老師談興比較高，表示今天清晨四點才小憩片刻，晚上讀書有許多感慨，於是就寫了一首詩給我看：

夜吟

淡淡清愁過半生　滔滔濁世獨何清

謗書毀骨翻堪笑　貧困隨人多負情
王氣凋傷思一统　詩文零亂夜三更
眼前事物難安放　繞室徘徊待漏明

我讀了老師的詩，這才發現老師作為一個讀書人，從來就不自足於作一位大學裡的教授，寫寫書，教教學生。他念茲在茲的原來是歷史文化的傳承，國家的一統復興。

那一天，老師問我將來畢業的計劃。我靦覥地表示，我希望繼續讀研究所，做中西哲學比較會通的工作。老師笑了，搖搖頭，不以為然地說，「傻小子，唸什麼哲學！你應該去學天文學！」

從書本中走出來

「天文學」，一門我從來沒有想過的學問，老師居然要我棄哲學，另起爐灶。我趕忙表示，我的數理不行，沒條件去鑽研。老師嘆了口氣，解釋他的用意是要我們有時候須從書本中走出來，看看真實宇宙世界的浩瀚廣大，不要關在書房裡，躲在封閉的知識理論系統中，以管窺天。接著又詢問我，讀不讀歷史，廿四史讀過了沒有，我說我喜歡歷史，但廿四史卷帙浩繁，我念中西哲學家經典都讀不完了，恐怕沒時間再去讀歷史。老師又搖搖頭，指點我正史讀不完，起碼世界書局出版的各朝歷史演義，也可以拿來看看，就像讀故事書一樣，試著了解各時代成敗興衰的關鍵，人物得失的各種型態。最後又問我看過《辭海》附錄〈中外歷代大事年表〉沒有，告誡我作為這個時代的人文學者，一定要具備大歷史的宏觀，〈大事年表〉是一個很方便的工具，要善加利用。

遲來的領悟

老師那一天對我的開示很多，當時懵懂的我，一知半解，只有頻頻點頭稱是。如今四十多年都過去了，有些細節也不復記憶，但是老師出示的那首詩的手稿，以及勸我學天文學及讀歷史的諄諄教誨，卻如在目前。不同的是，我現在終於明白老師終其一生鑽研投入的學問，確確實實是中國儒、釋、道往聖先哲慧命相傳的學問。這套學問與西方哲學最大不同之處，就在於它不是建立在純粹思辯及知解之上，而是通過身心一體的實踐修行，將天人之際最高的理境，轉換為面對古今之變參與歷史洪流中的實踐智慧，從而「為天地立心，為生民立命，為往聖繼絕學，為萬世開太平」。因此，中國文化由儒、釋、道共同撐開的大智慧傳統，根本無法在知識概念語言下，通過理論系統的建立，窮盡性地說明它全部的內涵。老師上課，旁徵博引，左右逢源，推崇老師的人，說老師講學「道貫古今，學究天人」。然而，批評老師的，就認為老師講學太跳動，沒有理路，沒有系統。但持平看來，這兩種說法都有所見。老師談心說性，指月論道，一方面是在一己身心之學的實踐基礎上發言，一方面又有經論文獻的支持，所以老師講學當然有所本而不是無的放矢。可是，正如老子所言，「道可道，非常道」，一切語言都有其限定的作用。老師自然也無意像西方哲學家一樣，構造一個理論系統，要窮盡性地說明它全幅意涵。

浩瀚無邊的學養

所以老師教授中國哲學，一會兒要我們留意《黃帝內經》，一會兒要我們學太極拳，蓋「雖小道必有可觀之處」。可是當時我們年紀輕，知識根基淺薄，撐不開一個理解的廣大網絡，自然也看不出老師講的這些東西彼此之間有什麼相互的關聯。現在細想老師要我去學天文學，去讀歷史，好像與學中國哲學八竿子打不著，其實正是要我打開視野，開濶心量，這才能夠知旁人所不知，見旁人所未見。近些年來，老師常常要我們注意「心靈科學」、「認知科學」的發展。這固然與老師長年談靜坐的修養有關。因為禪定到一定的工夫，身心轉換，這時對自我、周遭世界，也就有了不同的體知。我想，老師當年要我去學天文、讀歷史，甚至禪定打坐，無非是要教導我，操作理論概念、邏輯推理去研究中國哲學，其實不是最重要的，真正吃緊的是要有洞見。而要有洞見，不僅要有「涵蓋乾坤」的知識廣度，也要有「截斷眾流」向上一攀的心靈高度，這才會證得「隨波逐浪」的當機立斷的洞察力。可惜我資質駑鈍，幾十年來進展不大，從年輕以來，每次靜坐，就只有腰痠背痛的效驗；也不曾真正去學天文，只有從生命的錯誤中，慢慢咀嚼老師的教誨，直等近些年才逐漸有了一些心得，說來也是汗顏。

事上磨練

老師辭去輔仁的教職，應是一九七三年的事。那時，我已感覺到老師對輔仁教課的工作，越來越乏力。因為師生學識背景的落差實在太大。有時候老師興緻來了，講一段生平得意的見解，可是臺下的我們，卻無動於衷。有一次老師下課回臺北，我這個小跟班隨侍在側，到了重慶南路，在一家南美咖啡店下車，老師點了兩杯咖啡、蛋糕，略作休息。老師從公事包中拿出紙筆，很快地寫下他近時的一首詩作。

世事前途愁不盡　中原回首夢全非

江山零亂多風雨　不合林泉老布衣

那一天，老師告訴我，他已準備辭去輔仁的教職，把當時正在上的《易經》課，交給孫毓芹老師來上。我趕忙問：「我們怎麼辦？」老師笑著說：「你們不是照樣讀你們的書嗎？」然後，話鋒一轉，告誡我讀書重要，但做事也重要。他表示：研究中國哲學，不是光靠讀書就能成就，有時需要從「事上磨練」，才能對經典的義理有真正的體認。

老師的話，我當然點頭稱是。可是，對於「做事」，我其實根本沒有什麼理解。這要到第二年，我為「先知出版社」爭取老師《禪海蠡測》的再版，結果辦事不利，讓老師失望，我才理解「做事」之難。

老師的胸懷

「先知出版社」是我在大學二年級時，與學長沈清松、傅佩榮、潘栢世等人一起創辦的。原初是想要出版一些好的哲學書，讓社會大眾可以有精神思想上的啟發，可是，創辦兩年，也沒有出版幾本有分量的著作。當時，潘栢世學長，也是老師的學生，在我們同學中年齡較長，而且中國哲學的素養也最好，力持要爭取老師《禪海蠡測》的再版。大家幾經商量，推派我去向老師開口，坦白說，我知道老師對自己的著作出版一向矜持，非常謹慎。可是，沒有想到，那一天老師聽到我們想再版重刊《禪海蠡測》，居然爽快地答應了，並且答應不收稿費，如果印壹仟本，就送兩佰本書當作版稅。我感覺到那天老師挺開心的，可能是沒想到我們幾個毛頭小伙子，竟然知道奇貨可居，所以也樂得成全我們。

一個月後，書印好了。我懷著邀功的心理，帶著兩佰本新書送到老師那裡。那天，清點數量後，發現印刷有些小瑕疵，倒也無妨，但兩天後，老師祕書要我去辦公室，詢問我這本書印了多少本。我說「不是壹仟本嗎？」李祕書搖搖頭表示，她已從印刷廠那裡打聽過了，我們其實印了兩千本。換言之，我們偷偷加印了壹仟本。我聽了，非常憤怒，覺得當時主其事的學長，怎麼可以做這樣的事，我一定究責到底。老師立即表示，事情過去了，也不要再追究了，然後，老師正色地對我說：「袁保新啊！你辦事不利，當初我可是因為信任你才答應出版的。你們多加印，也就算了。但是最後一校稿，也沒有盯著印刷廠改正，錯漏字一大堆，就這麼印出來，這會影響到讀者的閱讀，太不負責了。」我頓時無言以對，羞愧萬分。

這件事發生後，我難過了好久。有一段很長的日子，不敢再去親近老師。因為，在處理這件事上，我的確太輕慢了，我以為我邀得了老師的同意，就沒事了，殊不知書籍印刷排版，極為瑣細。我既得老師信任，就應當全程參與，確保校對印刷這些細節不要出錯。尤其不妥的是，我不應該完全放手主其事的學長，偷偷加印了壹仟本，這件事讓我第一次體認到做事的複雜、艱難。古人云「臨事而懼，好謀而成」，我完全拋在腦後，這種處事輕慢的態度，在我日後的經歷中，一犯再犯，直到過了耳順之年，才稍稍避免了事後懊悔的痛苦。老師當年要我學做事，在「事上磨練」，的確針砭到我性格的缺失。現在回想起來，不得不佩服老師的前智之明。

後記

二〇一二年老師與世長辭。消息傳來，我一直不敢相信。記得幾年前，回臺灣過年的長輩，來家中小坐，還轉述老師親口表示，他的健康活到百歲，不成問題。當時我聽了，心中盤算著再過幾年我若退休了，也可以到大學堂當個義工，再續前緣，追隨老師做學問。不料，老師就這樣悄然離去，過了幾天，我突然做了一個夢，夢中見到老師，我急著要把我博士論文對老子「道」的研究心得報告出來，可是，才說了幾句，老師就皺著眉頭說「不對！不對！」嚇得我立刻從夢中驚醒。醒來後，又久久不能成眠，心中甚是沮喪。想到經過這些年，自己仍然沒有長進，還是不能得到老師的認可。上個星期，總編輯又打電話，要我為老師百年誕辰紀念寫點文章，並且囑咐我從學院派的角度談談老師的學問。電話裡，我幾乎未加思索，就立即答應下來。因為經過四十多年，我一直覺得受教於老師，獲益良多，雖然年輕時懵懂，未能亦步亦趨地追隨老師，但隨著年齡及經歷增長，我益發感覺老師的學問，是跨世代以來華人世界的瑰寶，應該好好推廣與珍惜。可是，答應後，我又猶豫了，這幾天，把老師的書又翻了翻，再看看海內外方及同門師兄的文章，更是覺得無法下筆。這時我突然想起四十多年前去連雲街老師的道場，看到老師門下聽課的，三教九流，人品複雜，可是我從未見到老師拒斥過任何真心求道之人。老子《道德經》上不是說：「善者，吾善之；不善者，吾亦善之，德善。信者，吾信之；不信者，吾亦信之，德信。聖人在天下，歙歙焉，為天下渾其心，百姓皆注其耳目，聖人皆孩之。」我想，老師仁慈寬大的胸襟，大概也不會排斥我這個駑鈍學生繳交的心得報告吧！所以，我大膽將四十多年前受教於老師的一些故事點滴，平實記錄下來。希望老師在天之靈明鑒之！

六　懷念

作者：饒清政
曾任外交部科長、專門委員、簡任祕書
國家統一委員會研究員及幕僚小組成員
並曾奉派駐美國、日本、菲律賓代表處服務

丁酉年秋，赴大陸吳江廟港拜望劉老師，順便談及戊戌年如何紀念懷師南公百年誕辰，我提議在原計劃以為文紀念中，將懷師之一生言行與儒家經典配合，敘述懷師苦難又輝煌的一生。劉老師認為主意甚好，並囑我為文用資紀念。但自認學識不足，文彩更難勝任，推之再三，終因長者囑咐，勉力從事。

返臺北後，仔細想，從懷師卅餘載，跟著學習如何讀書，常至棲止之處用晚餐，藉此可以聽懷師暢談古今，且有些長者，身歷政府要職，緬懷故國鄉土人情，成敗得失，實不失言教身教。只因不才，身入寶山空手而回。如今卻要記述懷師之聖言賢行，真愧對師恩，所述如有誤，尚祈各方指正。

我所拜的老師

我於懷師棲止臺北信義路復青大廈時，首往拜師，當時向老師報告，是否願收為弟子，懷師笑而未答，反問想學甚麼？經報告想學「謀略學」，懷師要一位師兄拿來已出版之《謀略學彙編》第一冊首頁彙編目錄，問我看過哪些書，我說了已讀過的，懷師隨之囑師兄將未讀過部分，選出送我。然後告以後可至復青大廈聽課及用餐。由於尚服公職，未能時時往聽聆訓，以迄懷師遠走美國，我奉派至日本服務。其間雖有電話請示，終以不能親身陪侍為憾。懷師從美國遷居香港，我從日本轉菲律賓，得以再次就近拜見懷師。

懷師的一生，以李石曾為其所撰之對聯「上下五千年，縱橫十萬里；經綸三大教，出入百家言。」來形容非常妥切，就是這樣，再多著墨當屬多餘。但是「經綸三大教，出入百家言」，讓私淑弟子或一些慕名者來論，還是不知所以，只能從文章中窺知懷師生平及德行。後來憶及懷師棲止之處，懸掛陳摶（希夷）先生的一副對聯：「開張天岸馬，奇異人中龍」，豈不正是再恰當不過嗎？

懷師一生走遍半個中國，遊歷歐、美，真是「縱橫十萬里」；所言溯及黃帝迄今，「上下五千年」亦不為過。懷師學問，釋、儒、道三家無所不學，無所不精。秦漢以後，探討釋、儒、道三家學問者，不論其立論正確與否，汗牛充棟，能遍覽無遺者，史無載諸其人。而精通三家者，定是絕無僅有。近代雖有學者可記誦大部分儒家經論，但能融會成一家之言，則所未聞。

儒家相傳至唐宋以後，開始將其義理，另闢蹊徑，自認得續心傳，導致理學興起。遺憾的是，理學觀念，除心性之學，另有其發展，但扼殺中國的科技發展，士子皆以高談心性，視科技為奇技淫巧。宋時尚未為烈，至明時則將奇工巧匠列入與農民同列，中國科技落後自此開始。

三家之學

懷師依中國傳統，從童蒙開始習儒家四書，束髮以後，始修禪業，大澈大悟，遍讀《大藏經》，後習中國道家等百家之學，由於已大澈大悟，明瞭形而上的「道」，再轉入儒家之經、史、子、集經典，重新闡釋孔子、曾子、子思、孟子所傳之道；懷師所述《論語別裁》《孟子旁通》《大學微言》《話說中庸》，指出歷來學者之謬誤，予以溯本清源，撥亂反正，期以後學能正確認識儒家的本來面目。

至於道家，懷師將《道藏》全部研讀並加以實證，分別將《老子》《列子》《莊子》三部著作以白話加以解釋，讓後學知其言義。道家之著作，較之儒家經典更難深入，遑論瞭解其內涵。道家源自《易經》，從黃帝之《內經》及至魏伯陽之《參同契》，能用近代語言解說，正確理解，亦懷師而已。

有清以來，特別是清末民初，攻習儒家經典有之，修持佛法者有之，另創佛學以別佛法有之，就是沒有哪位大家，敢於攻讀《道藏》精義，只有零星註解《老子》《莊子》，皆是望文生義，無如懷師加以實證道家的理論與方法。特別是《內經》與《參同契》尤甚，因其詞晦澀，奧義難明，經懷師加以述說，使後學有個入處，不然，真不知從何契入，啃這塊硬骨頭。

懷師在臺北、香港、吳江，講授佛法時，除讓學子明瞭佛法有實義之外，亦要求學子依法用功，加以實證，免陷世上所謂佛學之流，徒托空言，學法無益。懷師常舉儒家為糧食店，道家為藥店，佛家則是百貨店，各依所需，取而就之。懷師之所以言「經綸三大教」原因在此。在臺北時，懷師曾要我學道術，特別是符籙派之旁門左道，但以其術有些驚世駭俗，非一般人所能接受，故未能受傳，僅與洪醫師習得「祝由科」，期以救世人之病痛而已。

大家說《論語》

懷師對於儒家學說之闡述，當首推《論語》，《論語別裁》是最重要講述之一。撥亂反正，溯本清源，使《論語》得其本來面目。老師說，「《論語》是連成一氣的，編得非常好。」我們假如能把《論語別裁》讀上十遍八遍，就可以體會《論語》不愧聖人之言，前後相通。

我們看看〈泰伯〉篇，「子曰：民可以使由之，不可使知之。」這段話引起後世許多爭議，認為有所不妥。近代學者加以標點改為「民可使，由之；不可使，知之」。或為「民可，使由之；不可，使知之。」總之畫蛇添足。如老師指出的，秦漢以前的書，不要看秦漢以後的人的註解。要「以經解經」，「經史合參」，自然就可以明瞭原意。秦漢以前的書經過漢代學者訓詁，宋代理學家們的斷章取義，或是望文生義，有些如一群野鴨上青天，不知所云。《論語》本來就是前後呼應，不可支解章句，要全部《論語》融會貫通。非常遺憾得是，讀了不少古今學者的論著，迄今也沒有哪位學者指出《論語》是孔夫子的哪位弟子所編輯。

試就「民可使由之，不可使知之。」用《論語》其他段落加以註解，可以明白，此句正確，無須畫蛇添足。

〈雍也〉：「子曰：中人以上可以語上也；中人以下不可以語上也。」不是很明白嗎？人生來就有上智與下愚，孔夫子所言，何錯之有。整個《論語》大概有廿六處提列「信」，因「民」與「信」有很大的關係，「使民」非信不可。

〈學而〉：「子曰：道千乘之國，敬事而信，節用而愛人，使民以時。」

〈為政〉：「子曰：人而無信，不知其可也。」

〈顏淵〉：「自古皆有死，民無信不立。」

〈子路〉：「上好義，則民莫敢不服；上好信，則民莫敢不用情。」

〈子張〉：「子夏曰：君子信，而後勞其民。」在在說明「使民」、「為政」，信為首要。

民既信，當然「民可使由之，不可使知之」。以經解經，自然不須懷疑聖人之言；假如想從文字上膺服聖人之言，又合乎時代的觀念，斷章取義，自然非畫蛇添足不可。總之還是老師的「別裁」正本溯源為上。

誰是聖人

懷師說：「事實上人人都是聖人，我說聖人的境界本來亦很平凡，可是大家都被文字困住了，把聖人推得太高了，犯了『高推聖境』的毛病，把聖人的境界，故意塑造太高太呆板了，中國文化的天人合一，就是那麼平凡。」

「得了道的人跟普通人一樣，並沒有一個道的境界，真正到了最高位的人，忘了自己的位置；那才真正了不起。……聖人，得了道的人說我悟了，我是大師，我比你們高，那是混蛋，是狗屎。」

「天地固然生壞人，但也生好人，平等平等……，聖人則不同，得了道的人，憂時、憂世、悲天、憫人，這是聖人們人為的作用。」

「你們學佛、修道的要注意！還要修到能夠『洗心，退藏於密』，反轉來一點一點的減，減到了最後，甚麼都沒有了，達到『寂然不動』的境界。可知修到有了神通還不算數，要再進步到無神通那就是道了。」

「天地間真正的聖人都很平凡，不平凡那就不是聖人；以不平凡來顯示他是聖人的，他不是聖人，而是妖怪。」

「人要到至中至正，先要養成胸襟的偉大，……平凡的話都要講信，平凡的作為都要小心，要防止自己產生歪曲的思想和不正確的觀念，隨時存心誠懇，對於世界有了貢獻，乃至挽救了時代社會，自己並不驕傲，並不表功，不認為自己了不起，而他很厚的道德，則能普遍感化別人。」

「古今中外，任何一方面真有成就的人、站在巔峰的人，總覺得自己很平凡。這是必然的現象，並不有意裝成的。硬是真的到了巔峰的時候，自然就覺得很平凡。而且還特別小心，覺得自己懂得太有限，不敢以此為足。」

學問是什麼

懷師指出，如有志於學，依孔子「志於道，據於德，依於仁，游於藝。」這四點就是孔子講學問的中心綱要。首要，我們當先明瞭甚麼是學問，有了正確的認知，學問才能致力於道，摘錄懷師之論如下：

「學問是甚麼？要博學多聞，孔子早就提出了幾個步驟：『窮理盡性以至於命』，內容很多，要懂得一切宗教、哲學與科學等知識，叫窮理，窮理是知識面的，而盡性是真正內證的修養，把性情兩個東西搞清楚了，自己做一些功夫，這個叫學問。窮理盡性之後『以至於命』，最後學問就到家了，就曉得個人及物理世界的生命是怎樣的一個道理。」

「學問不是文字，也不是知識，學問是從人生經驗上來，作人做事上去體會的。這個修養不只是在書本上唸，隨時隨地的生活都是我們的教育。」

「孔子說：觀過而知仁。我們看見人家犯了這個錯誤，自己便反省，我不要犯這個錯誤，這就是學問，學問就是這個道理。所以他這個研究方法，隨時隨地要有思想，隨時隨地要有見習，隨時隨地要有體驗，隨時隨地要能夠反省，這就是學問。」

「講到學問，就須兩件事，一是要學；一是要問。多向人家請教，多向人家學習，接受前人的經驗，加以自己從經驗中得來的，便是學問。」

神通與神經兩兄弟

親近老師的學生、朋友都知道，無論在臺灣、香港、大陸都有許多異能奇士造訪，但到了老師跟前，從沒有一位能展現其異能。老師不讓人走偏門，怕錯認這些「怪、力、亂、神」是道。也常說神通與神經是兄弟，千萬別玩弄這些。但神鬼之事，有無呢？老師在解說《易經繫傳》時，有如下述說：

「我個人一輩子不在乎這個，有人說我辦公室位置不對，不能坐，我偏要坐；因我不需要鬼神來幫助我。一生行事無愧無怍，了無遺憾，所以甚麼都不怕。但是各位千萬不要學我，因為我是個甚麼都不在乎的人。大家不要迷信，但也不要不信。」

「說到迷信，使我想到現代人動不動就講人家迷信，有些問題我常問他們懂不懂？他說不懂，我說你才迷信！自己不懂只聽別人說，便跟人家亂下斷語，那才是真正迷信。當然不但科學不能迷信，哲學、宗教也同樣的不能迷信。」

一般人修道，想修到神通成就的話，如果以為拚命打坐、修道，就可以知過去未來，就能得到神通，那他永遠是妄想，他已經著魔了！做不到的。如果你修到「无思也，无為也，寂然不動」，便樣樣都知道了。所謂「感而遂通天下之故」。但你要求之過去未來，反而就甚麼也不知道了。古人所謂「心包太虛」，你能如此，便「萬事皆知」了。如果心地上沒有這個境界，而用個人的修為去求未知、求神通，那永遠是緣木求魚。

中華文化的發展和演變

懷師行道，以復興中華文化為己任，如孔子之倡周魯之傳承，特節錄懷師述說中華文化之梗概，期以後學承繼重任，為世界法。

「中國文化大概在春秋戰國的時候，是沒有統一的。那時不但語言沒有統一、文字沒有統一、交通沒有統一、經濟沒有統一，乃至各個地區的社會型態亦不統一。……從秦漢以後統一的局面是另一回事，我們研究歷史常以後代的政治形態，社會型態去看古人，這是很大的偏差。由於那時代沒有統一，孔子所保留的四書五經文化看起來，唐虞以上的歷史，文字資料太難整理，所以依據可靠文字的時候，斷自唐堯開始，整理出《尚書》，根據這些資料，就能了解堯、舜、禹三代文化區域不同。……中國文化是由北向南移，大的一面是由西北向東南，另外小的一面是由北到南。……中外每能統治一代興盛起來的統治者，都是起於北方，而且很少生於都市，而多是來自鄉間。」

「我們的文化是由上古原始自然科學的天文、星象、曆數以及人群生活技術的農業、畜牧、兵器等的開發所形成。」

「如果有人問中國文化的根本中心是甚麼？只有一個字『道』。不是道家的道，這個道是中國原始的，五千年前就有了，代表甚麼？宗教、哲學、科學、一切文化、藝術、經濟都包括在內，給它一個總體名稱叫『道』。我們後來研究自己的歷史，發現一個階段一個階段的演變，一開始是道的階段，慢慢人口變多了，社會繁華了，但不能說社會進步了，因為所謂的『道』退步了，變成了『德』，道以後才有德。德過了以後，社會的演變，人類的發展⋯⋯一路茫然下來，這個時候開始有仁義，儒家孔孟之道講仁講義，社會再接著發展下來。到後來仁義也不行了，就變成禮治，由禮而形成法治，也就是政治體制。」

「中國文化是從普通人的行為道德到追究生命最根本的問題，從政治文化的基本到最高理想，從普通生活到哲學科學宗教合一。追究宇宙生命的根本問題，都有目標和方法，與西方文化大不相同。」

「姜太公一系留在中國的文化，可以說代表了中國傳統的道家文化；魯國的文化則代表了周公這個系統，也就是形成後世儒家文化；楚的文化則為老、莊一系的南方文化成分較多；墨子則代表宋國的文化，宋為殷商的後代，所以墨子的學術思想中，保留有濃厚的夏商文化的色彩。」

「研究東西文化宗教哲學，照我的觀察及我平常的經驗來看，還沒有超過《易經》的，它幾句話就把所有問題都解決了，這就是中國文化。」

「中國文化講宇宙是動態，整個生命都是動態。」

「現在人都是講西方文化，認為西方文化很有學問，誰家的孩子坐在門口讀英文，哪怕他拿本英文來玩，人家也認為這家孩子很有出息。如果誰家孩子坐在門口讀《易經》的話，那一切都完啦！今天的中國人，成為沒有希望的民族，道理就在此。」

「中國幾千年來的文化，本質影響民間社會的是雜家、陰陽家和道家之學，並非純粹是儒家或孔孟之教。再看歷代政治學術思想的運用，事實上，也參雜了法家、道家、兵、農、儒、墨等諸家之學，並非完全屬於儒家學說。」

「中國過去五千年文化思想的教育、政治、道德的基礎，都是建立在因果基礎上，所以大家都怕不好的報應，……都怕因果，不過因果的問題是宗教哲學的大問題，……佛家的因果，是講本身的三世，即前生、現在及後世；中國儒家的因果講祖宗、本身及子孫三代。」

「民國初年到五四運動期間，用西方人的方法來研究中國文化，再加上日本人的觀念，把我們老祖宗的文化，貶得一蹋糊塗……，但過去我們有許多學者居然相信這些鬼話，搬回來罵自己的文化，直到現在還在流傳，我們現在的學術界就是這樣可憐。」

「我們一百年來，用的都是西方學術，沒有真正用過自己的文化學術，這是很奇怪的事。」

「留學歐美的名儒嚴幾道（復）與辜鴻銘，皆精通中國與西洋諸家學說，而終歸於儒，但限於時勢，人皆等閒視之。」

「全世界人類文化的思想，正陷在癱瘓狀態，空虛貧乏。講好聽點是物質文明在發達，講難聽點是物質的慾望在擴張，蒙蔽了人類的智慧。……因此我們現在對於自己的文化復興，要作承先啟後融貫中西的工作，這是刻不容緩的重大使命。」

後記

撰稿完畢，回首一看，啞然失笑，學之不精，文彩不彰，猶強為之，何其愚也。懷師積數十年之力，徹悟儒、釋、道三家性命之學，修道、成道、傳道，特以深入而淺出，俾使後學事半功倍，期以有成。而我以懷師之言冀欲與儒家經典並陳，豈非又畫蛇添足之舉，為識者所笑。為學本應精思入微，既忝列宮牆，未窺堂奧，愧對師恩，特此懺悔。

世有非議懷師者，孔夫子在世困辱多有；蜉蝣撼樹，螳螂擋車，未聞樹伏車停，勢所必然。「大道無難，唯人揀擇」，金與礫同存，玉與石共生，採金取玉，唯用者能之，大道僅為智者識，識者自識，明者自明，無須費辭以辯。「夫子之道，忠恕而已矣。」「庸人」自擾，無損師德；「君子之道，闇然而日章；小人之道，的然而日亡。」佛家說：「以不辯為解脫。」

「既明且哲，以保其身」，此之謂也。祈望我士林學子，為光輝中華文化，復興民族，為世人和平努力，共勉之。

雖無辯解，僅以一聯奉上，以為玉石之別，智者知之。

喜鵲焉知鴻鵠志

鳳凰豈曾烏鴉同

七　奇遇南師

作者：杭紀東
臺灣大學哲學系畢業
臺灣大學哲學研究所肄業
曾任教於師範大學、淡江大學、文化大學

（編按：兩月前，有客往訪杭紀東先生，談話中問起如何結識南師，此篇乃杭紀東口述結識南師經過，編輯室記錄整理）

你問我怎麼會認識南老師的，那真有些天方夜譚，不可思議。記得大約是一九五七年的時候，我廿多歲，還正在臺大哲學研究所攻讀。由於我自幼身體較弱，也就是說雖非生病，但不夠強壯，所以我常常想強身。聽說打太極拳可以強身，我就開始動腦筋，想找太極拳的高手，跟他學打太極拳。

打太極的醫生

這時聽到一個消息，有一個自上海來臺的西醫朱仰高，德國留學，是很有名的醫生，會打太極拳，於是我就很想找他學拳。可是不行啊！人家是個看病的醫生啊，怎麼辦呢？

於是我就掛號找他看病，掛號的病人很多，排了好久終於輪到我了。朱醫師問我有何病，我說我沒有病，因為聽說你的太極拳打得好，我想跟你學打拳。

朱醫生聽完哈哈大笑，他說：想不到病人不是來看病的，而是來學太極拳的，也罷！我就接受你這個學生，教你打拳吧！

後來我就開始跟朱醫生學打拳，記得是隔天一次，學了一段時間，我有點心不安。人家是個醫生，又很忙，不應該麻煩他太多。

於是我就對他說：朱醫生啊，你是跟誰學的太極拳啊？你很忙，我不能總麻煩你教我，請你介紹給我你學拳的老師，讓我去跟你的老師學吧。

朱醫生聽我說的話，也算有些道理，於是就說：也好！我是跟程委員學的，於是就寫了張名片，介紹我去見程委員。

所謂程委員，原來是立法院的程滄波委員，他可是抗戰時重要文宣的執筆者，了不起的一支大筆，很有才華。那時在臺灣的立法院並不像今日那麼忙碌，況且，似乎他與家父也是相識的。

程委員與我

我去拜訪程委員，就以程伯伯相稱，說明來意。他立刻很高興的答應了。於是我就每天去找他練拳，師徒相處亦甚歡欣。但不久，我又覺得太麻煩他不妥，於是就像對朱醫師說的一樣話，不好意思麻煩他，請他介紹給我他學拳的老師，我去找他的老師學吧。

想不到的是，程委員不同意，他說：沒關係啦！還是我教你就好啦！更想不到的是，我再三要求他，他有點堅決不肯的樣子，只說：沒關係，不麻煩，還是我教你吧！就是不肯介紹他的老師。

這時的我，因為年紀輕，他越不肯罷休，我也決不罷休，鬧來鬧去他拗不過我，只得答應把我介紹給他的老師。

他在他的名片上，寫下他的老師的地址，是青田街裡的一個小巷子，他介紹我去找的這個老師，名叫南懷瑾。

當時我不知道南懷瑾是何許人，也從未聽說過南老師之名，只知道會打太極拳，教過程滄波委員。

驚天地　泣鬼神

我興沖沖的拿著程伯伯的名片，按地址去找南先生，原來是一所極小的日式房屋，南先生開門見到我，看了介紹的名片，當即就對我說：你想學太極拳啊！我就先打一趟拳給你看看吧！

因為院子太小，無法打拳，南先生拉我到門外，就在巷子街道上，打了一趟一百零八式的太極拳。老師打這趟拳，看得我驚奇萬分，目瞪口呆，從小到大，沒見過如此驚心動魄的情景，老師行雲流水，龍騰虎躍般的拳術，打完後，頭面發出金色的光芒，那個情景，只有驚天地泣鬼神略可形容。我神魂未定傻傻的看著老師，我說：你頭面怎麼會有金光啊？

老師說：真正打拳到位時，應該如此，沒什麼稀奇。老師很自然隨意的說著，但我心中酸甜苦辣五味具陳，是喜，是驚，是……？總之，無法形容，心中只有何其幸運，何其幸運……只能五體投地，感謝上蒼了。

此後，就跟隨老師學拳。過了一些時日，有一天，打完拳後，老師對我說：「打拳是動功，還有一種靜功，我可以教你。」於是老師教了我七支坐法，學習靜坐，老師還說：「不注意呼吸，不用吐納，也不用觀想，什麼都不想，什麼方法都不用，走空靈的路子。」這可能是對初學靜坐的人所說的。

中西哲學的衝激

當時的我尚在臺大哲學研究所四年級就讀，主要讀的和腦海中想的，不外是方東美教授的人生哲學，大乘佛學；還有陳康教授的西洋哲學史、希臘哲學；殷海光教授最愛說的羅素、邏輯經驗論、羅根什坦、維也那學派等。雖然中國哲學、大乘佛學等課程中，亦說了不少佛學哲學，但那是知解之學，根本接觸不到佛學精髓，更談不到禪宗之實證了。

所以由於太極拳的因緣，認識了南師，有幸開始學習靜坐，遇到南老是我生命中的重要轉捩點，我太幸運了。

學習靜坐的事，倒也很合吾意。不久到了一九五八年春節之前，夏荊山來找我，說老師年初二開始要打七，要我去參加。那時我雖時常練習打坐，但對於打七，一方面不知道是什麼活動，所以也沒有什麼興趣，就不願去參加。但夏先生說，許多人想參加都沒有得到老師的首肯，勸我不要犯傻了。

既然如此，我就隨眾去參加了，那次是在北投居士林老師主持的禪七。說起來已是半世紀以前的事了，因此得進入老師的禪宗學習，真是自己的大幸運。

禪是生命科學

我們家族及親友等，因多留學美國，父親出身南京金陵大學，屬於美以美教會，但我認為，禪是證悟的生命科學，是超現有科學的生命證悟之學，與在學校所學智識性層面的哲學，截然不同，所以這是屬於生命科學的範圍，不可只以宗教而論。只不過，世人多不太了解罷了，也就是老子說的，下士聞道大笑之。

附錄一

Laoshi

I had the good fortune to meet Professor Nan Huaijin in 1987 when he was living temporarily in the United States. I was a U.S. Foreign Service Officer (Diplomat) who had recently returned to Washington, DC after six years in Asia - one in Taiwan, three in Hong Kong and two in Beijing. I personally knew nothing about Professor Nan, but my wife Ginger (Chen Chunzhi) had been searching for him since 1981. She had told me and friends that an old Chinese man had appeared in her dreams, trying to teach her something. However, she could not understand him, and she didn't know who he was. Then, in 1987 she received a call from a friend in New York who told her that a man fitting her description had recently moved to Washington, DC from Taiwan and his name was Nan Huaijin. That was very exciting news for her. She soon found a distributor of Professor Nan's books, asked if it was true he was nearby and if we could visit him. The distributor, a man named A Fu Ge, confirmed that Professor Nan was indeed living in McLean, Virginia, and offered to call him that afternoon.

Professor Nan graciously agreed, and invited us to join him at his home that same day for a Manyue (滿月) celebration he was hosting for the daughter of one of his students, T.H. Lee. There were many people there when we arrived. I took our young son, Charles (Ai Liyu), and joined the guests outside, while someone escorted Ginger inside to meet Professor Nan. After a short while, Ginger rejoined us with an ecstatic look on her face. "Yes," she said, "I finally found him, the man in my dreams. He is even wearing the same Chinese-style clothes as in the dreams!"

Soon after that we were all invited to go into the living room. Professor Nan was surrounded by a number of people. He looked up as I entered, smiled at me and said, "Welcome, I have researched you ." I smiled, too, though I didn't really understand what he meant. He was very kind to us during that first meeting, and invited us to return anytime, which we proceeded to do.

For the next year we made weekly visits to Professor Nan and his "extended family" of students and individuals who had committed themselves (in varying degrees) to personal cultivation. The house was always busy with visitors coming to see him from many different places. Some came with questions about Zen Buddhist cultivation, others with personal issues and still others with political and diplomatic questions. I was able to understand most of what the other visitors were asking. However, I had tremendous difficulty understanding Professor Nan's replies - due to my more limited Chinese, to some of the cultivation subject matter, and to the challenge of Professor Nan's Zhejiang accent.

Professor Nan saw my difficulty and asked if I would like him to teach me Chinese. I was elated, and for the next several months, once a week he tutored me on the Chinese "Thousand Character Classic" – a poem of 1,000 characters, none of which is repeated. Using that poem he introduced me to a wide variety of Chinese language, culture and history. It was fascinating and I loved the time I was able to spend with him and all the others who joined us at that big round table. I was not a very good student, and my Chinese language skills did not markedly improve. However, Master Nan did succeed in impressing upon me the extraordinary depth of Chinese culture and experience, and he began the process of changing how I observed the world and everything in it. That change included him: to me he ceased being Professor Nan, and became simply "Laoshi."

Later, I realized how incongruous it was for a mid-level American diplomat to be tutored by a man who was perhaps the most knowledgeable and accomplished individual in the oldest and most accomplished civilization on the planet. It took me still longer to realize that for Laoshi that was not incongruous at all, and in fact around him the word "incongruous" lost its meaning.

There is a chapter in the Lotus Sutra entitled "Expedient Means." It describes how the Buddhas and Bodhisattvas infinitely adjust their appearance and method of teaching to the needs, preferences or limitations of the sentient beings they are trying to save. Laoshi did that all the time with the many people who sought his help. There were so many different kinds of people around him: monks, nuns, politicians, businessmen, academics, fortune hunters, journalists, sick people, doctors, etc. He could teach and entertain on more subjects than I could list here. He could listen to people, amuse them, challenge them, sometimes scold them and always fascinate them. He could tell them how to cure their infirmities, how to make their businesses successful, or how to get along with their spouses. He could be austere, strict and distant; and he could be immediately accessible, compassionate and comforting.

With me, he started out offering a deeper introduction to Chinese language and culture. He asked me – but never pried - about my experiences and opinions on places and subjects that I was working on. He could always add a dimension that I had not thought about, and show me avenues to pursue my goals more effectively. All the while he was encouraging me – directly and subtly - to look more closely at myself and to be more compassionate towards others.

In 1988, Laoshi moved from the United States to Hong Kong. My family and I also returned to Asia, first to Rangoon, Burma and then to Chengdu, China. During those four years we were able to communicate with Laoshi by telephone, and also visited him in Hong Kong where he invited us to stay with him. He continued to help us with our cultivation, and he helped me to see the developments in both Burma and China in the broader historical context of China's cultural, military and economic influence on the region. He explained to me the informal financial links that had operated between Southeast Asian Chinese communities for centuries, and how they still influenced the economy and politics of Hong Kong both legally and illegally. He showed me how centuries of cultural and social tradition had created an incredibly complicated fabric of political and economic realities that no successful businessman or political leader could ignore or act independently of. This is fundamentally different from the American environment. While the United States has its own legal requirements, social mores and political correctness; it also fosters an admiration of individuals who flaunt the established order. I personally shared that admiration, and therefore had to learn to analyze and judge differently the actors in these Asian environments.

Soon after our family arrived in Burma, the country went through a chaotic period of popular uprising and military suppression. During that difficult period, the American and Chinese embassies in Rangoon had different perspectives and different interests. The Chinese supported the military regime, and the Americans were openly sympathetic to the popular demand for more democracy. But the American Embassy was also led by an Ambassador who had spent his career working in and around China, and he encouraged the Chinese and American diplomats to develop cordial and friendly relations. The insights that I received from Laoshi were very helpful to that process.

Shortly after the popular uprising began, Ginger and Charles were evacuated with other embassy families to Bangkok, while I remained in Burma. There was some danger and lots of stress. I had plenty of time to myself, because not only was my family away for six weeks, but our movements and activities became strictly curtailed by the Burmese regime. That was when I first began to experiment with the mantra of the Zhunti Bodhisattva that Laoshi taught.

When I had first visited Laoshi at his house in McLean, Virginia, I did not join those who gathered in the meditation room and chanted the mantra out loud. I was not particularly interested in mantras, and I was self-conscious. However, when I found myself in Burma, alone with very long evenings, I took another look at it. I started doing it in my spare time, and on my way to and from work. When I next visited Hong Kong, Laoshi told me I was changing rapidly, and he encouraged me to continue. That was all I needed. As I got used to the mantra, I began doing it anytime heavy concentration was not required of me; and eventually all the time, regardless of what I was doing.

The results were not always what I expected, but then my expectations were rather vague. I never actually asked Laoshi specifically what the mantra was supposed to do. Laoshi would casually mention from time to time that I could test it by asking for things like money or promotion. However, I thought perhaps he was testing me and that was probably not appropriate. I just accepted that it was somehow good for me, so I continued. Not everything went smoothly at first. On a trip far into the Irrawaddy delta area of Burma, I tried to accelerate our return. Our vehicle promptly broke down and we were stuck on the side of the road for 8 hours, only making it back to Rangoon by hitchhiking in the back of a pick-up truck.

Inconveniences continued, but from that time on nothing seriously bad happened to me or my family, and everything that I wanted to have happen gradually came to pass, though I only slowly recognized the sweep of events and the connection to my concentration on the mantra. Since I had studied Chinese in 1981 I had always wanted to be assigned to the Consulate General in Chengdu, which had the largest and most populous consular district in China; but there had always been a long list of more experienced "China Hands" ahead of me for the job. One year after I started the mantra, I received a surprise call from Washington saying the Consul General in Chengdu had to return to the United States for personal reasons, and asking whether I would be willing to leave Burma early and replace him. One month later I was there. I had also been fascinated with Tibetan mysticism since my early twenties, and suddenly I was traveling to Tibet several times a year. I was promoted less than a year after I arrived in Chengdu. After that I was given an assignment to a prestigious study program in Washington, given responsibility for the southeastern corner of Europe, then promoted to Deputy Assistant Secretary with responsibility for 17 countries. Little things went my way such as seats becoming available on fully booked airplanes, and much bigger things such as being prevented by circumstance from taking my place on a government plane that subsequently crashed killing all on board. Laoshi evidenced no surprise at any of these events, simply commenting that the Bodhisattva was protecting me.

It wasn't just me, of course. Ginger had been doing the mantra for years before I started, and she taught it to me in telephone conversations between Bangkok and Rangoon during the evacuation from Burma. Our son Charles had been taught the Amitofo mantra in McLean by Hong Ren Shifu when he was a baby; and he learned the Zhunti mantra when we were in Chengdu. I will never forget the scene in Hong Kong when Laoshi invited all of his assembled guests to listen in hushed silence as Charles, at age 5, chanted the Zhunti mantra.

It took me years to realize that Laoshi encouraged the mantra not just – or even primarily – to benefit those doing it, but to help others. I'm sure he told me many times in many ways; but somehow we often don't hear until we are ready. When I finally did realize it, I began to notice how the atmosphere around me would change as I concentrated on the mantra. Difficult meetings became more relaxed; and people who seemed distracted at first would become more focused on the business at hand. As crazy as it sounds, sometimes it seemed like I could feel the entire environment within the State Department relax.

When our family moved from Rangoon to Chengdu we were able to have much easier and more regular contact with Laoshi. He knew Chengdu well, having spent most of his military war years in Sichuan, and also having done his most important work Zen Buddhism there. He introduced me to Sichuan's unique historical contributions to Chinese culture and politics, and he substantially changed my perspective on Tibetan history, its unique mixture of religion and politics, and its complicated relations with a long succession of Chinese emperors.

As Consul General in Chengdu I made frequent trips to Hong Kong to consult with the U.S. Consulate General there and to meet American businessmen with interest in southwest China. During that time I had the opportunity to watch his extraordinary ability to respond to the different needs and interests of people from diverse places and backgrounds. Every night at least 8-10 people came to dinner. Some were regulars from Hong Kong. Others came from the China mainland, from Taiwan, Southeast Asia, the United States, Latin America, Europe, India, etc. At dinner, Laoshi would socialize, answer personal and professional questions and invite his guests to share stories of their experiences. After dinner, he would often teach about Chinese history, culture and philosophy; about Buddhism and Taoism; and even about other cultures, primarily Asian. He knew what his guests were interested in; and even seem to know their questions before they asked. I still had great difficulty following the multifaceted conversations, but even when I didn't understand what he was saying, I could see some of the impact he had on his listeners. Some understood, some did not; some were intrigued; some were surprised; and some had their lives changed right there at the dinner table.

He answered the questions of individuals, but usually did it in a way that helped others as well. He was able to make people feel comfortable with themselves and with others as a group. He was able to show people their common cause even when strong differences or hostility existed.

One time I called Laoshi from Chengdu to say I would visit Hong Kong soon and to ask if I might be able to stay with him for a couple of days. At first, he said that might be difficult, because there were some people coming to discuss some sensitive issues at that time. Then he quickly changed and said, "Come. We will work it out." When I arrived a few days later, I learned that two small delegations of very senior people from China and Taiwan were coming that evening. Laoshi was instrumental in helping the governments in Beijing and Taipei to find common ground and begin their earliest talks, and his was one of them. He told me his guests did not know that I would be there; that I could stay for dinner, but then I would need to slip away to let them talk. They certainly seemed surprised to see an American diplomat there, seated just to Laoshi's left. But it worked. The dinner conversation was cordial and relaxed – to my eyes even friendly. Perhaps the presence of an outsider made it easier to find common cause. After dinner, I excused myself and retired to my room, and the meeting proceeded successfully. In later years, when Laoshi told the story he would generously emphasize how diplomatic and discreet I had been in slipping away. My memory was that I was so tired I could barely keep my eyes open, and I fell asleep immediately after I retired.

Laoshi's education, experience and cultivation helped him to understand, empathize with and help people in the present, but it also gave him the ability to look beyond the present. When my parents visited Chengdu, we took them to Hong Kong, and spent an evening with Laoshi. My parents were both relatively young and healthy; but afterwards Laoshi told me quietly and simply, "They are old, and you must prepare." I replied, "Yes, I understand" - but I had no idea. Just a few years later my father developed Alzheimers, and then my mother developed cancer and was gone in less than a year. My father could not live by himself, so we brought him to live with us until he asked to move into a retirement home nearby. That in turn was a major factor in changing my career: ending our family's overseas service, and forcing me to redefine my professional and personal life. I cannot say I was not warned.

Laoshi had professional warnings for me as well. In the fall of 1991, I was watching news coverage of the First Gulf War with him in his living room in Hong Kong. He turned to me and said, "When this is over, America should withdraw from its involvement with the rest of the world. It should seriously take stock of what it needs, of what it is, and of what it wants to be. Only then should it re-engage with the rest of the world." My response was, "We cannot do that. We have a responsibility to remain engaged with the rest of the world. Too many depend on our involvement." He just said, "Hmm" and nodded his head. Twenty-five years later, as the

American presidential election campaign unfolded, it became tragically clear how right Laoshi had been back in 1991. The United States had lost any semblance of social or political consensus. Today, we can only hope that there is still time to follow his advice.

It is clear to me now that Laoshi had the knowledge, the understanding and the wisdom to know what the best policies were for major players like the United States and China. He was very generous in sharing his knowledge with me when I asked, but he rarely lectured me or encouraged me to pursue a particular policy unless I asked. He would ask my opinion on different issues, but he would never pry, and he would never put me in any kind of compromising position with regard to my government responsibilities. In English terms he was both a "renaissance man", someone who has mastered all branches of human knowledge, and a "perfect gentleman," someone who has mastered himself and behaves towards others with perfect decorum and generosity.

He often cited the quote, "If there is one thing they don't know, Confucians are ashamed." While he was always very humble about his own accomplishments, it seemed to me that there was no limit to his knowledge. In addition to Chinese history, culture and philosophy, he also had mastered Chinese martial arts and medicine. On several occasions, I watched him advise both students and teachers of Taijiquan. Once, when I was having difficulty understanding the concept of "qi," he offered me a demonstration of the difference between using muscles and using "qi." When he held his arm straight out using his muscles it was firm, but I was able move it. When he did the same using "qi," I could not budge it - and could have hung from it except for the difference in our respective heights!

Another time in Hong Kong, I experienced an unusual sharp pain between my shoulder blades and difficulty breathing. Fearing a heart attack, I told Laoshi. He told me not to worry, the cause was a change in the weather, and he gave me some Chinese medicine that restored me to normal as quickly as the problem had started. After that, I often sought his medical advice, even long distance by telephone. Sometimes, I thought I could see how he made his medical diagnoses, but other times I had no idea. Once, Ginger asked him why I so often seemed to dwell on the negative side of things and to have so little patience. He replied it was physical – because I had one less lumbar vertebra than normal. He had done no physical examination of me. No doctor had ever mentioned this to me, and I had seen many chiropractors for lower back pain. When I next saw my back doctor, he checked and expressed astonishment that Laoshi was in fact correct.

Sometimes, what Laoshi was able to do seemed to go beyond the boundaries of science. Once, I watched him test a young woman who was adept at diagnosing physical afflictions using energy techniques. She examined Laoshi, told him her findings and he said they were correct. Then he said he had another test for her, and asked her to examine him again. After a few minutes, he asked if she noticed anything. She hesitated, and then replied with some surprise that it seemed he had reversed the flow of his blood. He smiled and simply said, “很好”.

These kind of experiences sometimes generated talk of “magic” or “superpowers;” but Laoshi firmly insisted that such things were no more magic than atomic energy or lasers. They, and all of his teachings about personal cultivation were strictly scientific. He taught that ancient Chinese and Indian civilizations had developed knowledge and understanding that modern science was only just beginning to touch on. One of his objectives in establishing the Taihu Center for Great Learning in Miaogang was to encourage the rediscovery of that knowledge and its application to the challenges facing China and the world today.

It was exciting for me to watch Laoshi make the gradual transition back to mainland China after so many years away from his homeland. I was enormously impressed by his patience, his vision and his generosity in doing so, though I did selfishly worry that it might be more difficult for me to see him. In the beginning that was not a problem. His apartments in Shanghai were smaller than Hong Kong or the U.S.; the atmosphere was intimate and Laoshi was easily accessible. When he moved to Miaogang it became more difficult.

We continued to travel once a year from the United States to see him, usually for a week at a time. However, building the Taihu Center for Great Learning was an enormous and time-consuming project; and more and more people from all over China were seeking access to Laoshi. After a few years, we saw him almost exclusively at dinner, and moments alone with him became very rare. Ironically, after my retirement, I imposed my own degree of separation from him by remaining in the U.S. when he invited me to move to Miaogang to continue my cultivation there. I was unable to make the break with my existing concerns to join him.

Additionally, of course, Laoshi was getting older. I violated one of his most fundamental teachings by insisting on seeing him as someone who was bigger than life and to whom the normal laws of nature did not apply. I could see his body getting older, but his mind was still clear and he still always knew more about what was going on, around him and beyond, than anyone else. He even described to us the process of aging, where he was in it, and how difficult and painful it was. He told us repeatedly that he would not be around forever – and, in fact, not much longer. However, I actually convinced myself emotionally that this was just part of his practice and part of his teaching, and that we would always have him with us. In the final months before his death, I simply dismissed all the warnings that time was getting short.

It is difficult in a short space like this to sufficiently describe how important Laoshi was to my life. He changed my perspective not only on China, but on the meaning and purpose of life in general. He convinced me that human history is relevant and we can always learn from it. The wisdom of the past has not been superseded or made irrelevant by the discoveries of the present. In fact, there is little that is being discovered today that has not been previously known; and what has been taught in the past can help us to understand better what is being discovered by "science" today. He showed me there is a depth to Chinese history, culture and attainment that I previously did not even imagine; and there is a purpose to human culture, social organization and political leadership that is more important than freedom for individuals to pursue their own desires.

He taught – and demonstrated through his example – that the most important human qualities are compassion, discipline, determination and wisdom. He taught all of us according to our abilities and without regard to where we came from. I missed a great deal during those years, and I failed to heed many of the lessons he gave. Nevertheless, I benefitted immeasurably from my association with Laoshi; and I think others around me benefitted from how he changed me. I will be forever grateful for that time with him and with the people around him.

I confess that I still miss him very much.

附錄二　南懷瑾先生年譜（簡譜）（二〇一八年修訂）

南懷瑾先生，譜名常泰，別號玉溪

民國	西元	歲次	年歲	記要
七	1918	戊午	1	・農曆二月初六出生於浙江省樂清縣翁垟鎮地團葉村 ・父譜名光裕，名正裕，字仰周，號化度（1888~1957） ・母趙氏（1891~1990）
十二	1923	癸亥	6	・開蒙
十七	1928	戊辰	11	・樂清縣立第一高等小學校六年級
十八	1929	己巳	12	・小學畢業
十九	1930	庚午	13	・從學朱味淵先生、葉公恕先生 ・樂清縣井虹寺玉溪書院自讀
二十	1931	辛未	14	・自讀
二十一	1932	壬申	15	・自讀
二十二	1933	癸酉	16	・自讀

二十三	1934	甲戌	17	•結婚，妻王翠鳳（1916~2009） •長子南宋釗出生
二十四	1935	乙亥	18	•於杭州入學浙江省國術館 •孤山文瀾閣藏書樓，閱《四庫全書》 •裡西湖閒地庵出家師贈《金剛經》《指月錄》 •秋水山莊，閱道家秘本等藏書
二十五	1936	丙子	19	•杭州之江文理學院中國文學系旁聽
二十六	1937	丁丑	20	•次子南小舜出生 •浙江省國術館畢業 •浙江省學生集中訓練總隊技術教官 •七七事變，由杭州遷赴四川成都
二十七	1938	戊寅	21	•參賢訪道
二十八	1939	己卯	22	•創辦「大小涼山墾殖公司」（一年後結束）
二十九	1940	庚辰	23	•四川宜賓《金岷日報》編輯 •成都中央陸軍軍官學校政治教官
三十	1941	辛巳	24	•成都金陵大學社會福利行政特別研究部選讀 •中央陸軍軍官學校政治研究班（第十期）修業

三十一	1942	壬午	25	・參加袁煥仙先生主持的灌縣靈巖寺禪七 ・隨袁煥仙先生至重慶，會見主持護國息災法會的虛雲老和尚、貢噶呼圖克圖
三十二	1943	癸未	26	・參與籌創維摩精舍 ・入峨嵋山大坪寺閉關，閱藏
三十三	1944	甲申	27	・閉關，閱藏
三十四	1945	乙酉	28	・閉關，閱藏。秋後轉至樂山五通橋閉關，閱《永樂大典》《四庫備要》等 ・十一月九日（農曆十月初五），在成都大慈寺萬佛樓，貢噶呼圖克圖等授予三壇大戒
三十五	1946	丙戌	29	・新正後轉至多寶寺（大坪寺下院）繼續閉關 ・主持大竹縣文昌閣禪七 ・走康藏參訪密宗上師 ・應邀赴昆明講學 ・年底，自昆明赴上海，轉杭州
三十六	1947	丁亥	30	・返樂清故里省親 ・修南氏家譜

三十七	1948	戊子	31	・旅台三個月後，返杭州 ・江西廬山大天池短期閉關 ・杭州武林佛學院教師 ・再閱文瀾閣《四庫全書》等藏書
三十八	1949	己丑	32	・隻身赴台 ・台灣《全民日報》社論委員 ・結婚，妻楊曉薇（1928~2011） ・組公司「義利行」，三條機帆船從事貨運
三十九	1950	庚寅	33	・「義利行」船隻被官方征用，三船火災沉舟山 ・長女南可孟出生
四十	1951	辛卯	34	・基隆佛教講堂講佛法
四十一	1952	壬辰	35	・次女南聖茵出生
四十二	1953	癸巳	36	・寫作
四十三	1954	甲午	37	・主持台北觀音山淩雲寺禪七 ・三子南一鵬出生
四十四	1955	乙未	38	・主持七堵法嚴寺禪七 ・台灣初版：《禪海蠡測》

四十五	1956	丙申	39	・楊管北先生邀請，講佛經
四十六	1957	丁酉	40	・四子南國熙出生
四十八	1959	己亥	42	・講《楞嚴經》
四十九	1960	庚子	43	・主持新北投居士林禪七 ・台灣初版：《楞嚴大義今釋》
五十	1961	辛丑	44	・台北寓所掩關 ・寫作
五十一	1962	壬寅	45	・主持新北投居士林禪七 ・台灣初版：《禪宗叢林制度與中國社會》《孔學新語》
五十二	1963	癸卯	46	・主持新北投居士林禪七 ・輔仁大學講「哲學與禪宗」
五十三	1964	甲辰	47	・寫作
五十四	1965	乙巳	48	・主持北投奇巖精舍禪七 ・台灣初版：《楞伽大義今釋》 ・兼任教授：陸軍理工學院、輔仁大學、台灣中國文化學院
五十五	1966	丙午	49	・應邀於台灣三軍各基地巡迴講演中國文化 ・兼任教授：輔仁大學、台灣中國文化學院

民國	西元	干支	年齡	事蹟
五十六	1967	丁未	50	•中華學術院研士 •兼任教授：輔仁大學、台灣中國文化學院
五十七	1968	戊申	51	•主持台北禪七法會 •台灣初版：《禪與道概論》
五十八	1969	己酉	52	•輔仁大學講《易經》「中國哲學史」 •台灣師範大學講「佛學概論」 •隨台灣「中日文化訪問團」赴日，應邀發言（〈致答日本朋友的一封公開信〉）
五十九	1970	庚戌	53	•「東西精華協會」成立大會 •開設禪學班（台北市青田街） •成功大學講「廿一世紀的文明與禪學」 •台灣初版：《維摩精舍叢書》（袁煥仙 著，南懷瑾等 整理） •兼任教授：輔仁大學
六十	1971	辛亥	54	•主持禪學班禪七 •創辦《人文世界》月刊 •東西精華協會遷至台北市臨沂街蓮雲禪苑四樓，定期講課 •兼任教授：輔仁大學

六十一	1972	壬子	55	•主持東西精華協會禪七 •定期講課 •各大學邀請講演 •兼任教授：輔仁大學
六十二	1973	癸丑	56	•在蓮雲禪苑四樓主持禪七 •楊管北先生邀請，講《金剛經》 •台灣中華電視臺邀請，講《論語》 •台灣初版：《靜坐修道與長生不老》《禪話》 •兼任教授：輔仁大學
六十三	1974	甲寅	57	•「恆廬」（台灣國民黨中央黨部大陸工作會）邀請，講《論語》 •高雄佛光山邀請，講「叢林制度」 •東西精華協會遷至台北市信義路三段，講《難經》
六十四	1975	乙卯	58	•在佛光山大悲殿主持禪七 •「恆廬」邀請，講《易經》「歷史的經驗」「革命哲學」 •東海大學歷史研究所，講「隋唐五代文化思想史」 •《青年戰士報》慈湖版連載：《論語別裁》講記
六十五	1976	丙辰	59	•台灣中國廣播公司邀請，講《易經》 •《青年戰士報》社，講「唯識研究」《孟子》 •創辦「老古出版社」 •台灣初版：《習禪錄影》《論語別裁》

六十六	1977	丁巳	60	・台北寓所掩方便關 ・台灣初版：《新舊的一代》
六十七	1978	戊午	61	・在台北佛光別院，講「融會顯密圓通修證次第」 ・台灣初版：《南氏族姓考存》《正統謀略學彙編初輯》（三十四卷五十本）
六十八	1979	己未	62	・主持新正禪七 ・洗塵法師從香港來敦請主持十方叢林書院 ・為出家同學講「佛教佛法與中國歷史文化」《禪秘要法》 ・講《大圓滿禪定休息清淨車解》《宗鏡錄》《大乘要道密集》《楞嚴經》《大比丘三千威儀》「詩學」等
六十九	1980	庚申	63	・東西精華協會遷至台北市信義路二段復青大廈九樓 ・假台北市辛亥路救國團活動中心主持禪七 ・老古出版社改組為「老古文化事業股份有限公司」 ・十方叢林書院成立，開設定期課程 ・為台灣軍方將領、政要、企業界領導組成的文化專題研究班，講《左傳》《戰國策》《史記》《長短經》《漢書》《管子》《易經繫傳》等 ・主持十方叢林書院禪七 ・台灣初版：《參禪日記》（初集）（金滿慈 著，南懷瑾批）

七十	1981	辛酉	64	・主持十方叢林書院教務 ・假東西精華協會大禮堂，舉行「南氏宗親新正祭祖大典」 ・創辦《知見》雜誌
七十一	1982	壬戌	65	・主持十方叢林書院學員新正特別修定訓練 ・與美國史丹福大學哈門教授，談全球性前提計劃 ・政治大學東亞研究所兼任教授，講「中華文化大系」
七十二	1983	癸亥	66	・主持十方叢林書院教學 ・政治大學東亞研究所兼任教授，講「中華文化大系」 ・台灣初版：《定慧初修》（袁煥仙　南懷瑾 合著）《參禪日記》（續集）（金滿慈 著，南懷瑾 批）
七十三	1984	甲子	67	・主持東西精華協會（台北禪學中心）新正精進禪修 ・美國禪學大師卡普樂先生來訪 ・英國學者李約瑟先生來訪（陳立夫先生陪同），討論道家學術問題數小時 ・政治大學東亞研究所兼任教授，講「中華文化大系」 ・台灣初版：《金粟軒詩詞楹聯詩話合編》《孟子旁通》《旅台南氏家族紀要》 ・美國初版英文譯本：《靜坐修道與長生不老》（《Tao and Longevity》）

七十四	1985	乙丑	68	・寒假禪修課程 ・十方叢林書院結束 ・離台赴美 ・在天松閣寓所，講《聖經・啟示錄》 ・台灣初版：《歷史的經驗》《道家、密宗與東方神秘學》《觀音菩薩與觀音法門》（合著）
七十五	1986	丙寅	69	・夏，移居蘭溪行館 ・成立「東西學院」 ・台灣初版：《中國文化泛言》《一個學佛者的基本信念》《禪觀正脈研究》 ・美國初版英文譯本：《習禪錄影》之「民國五十一年禪七」（《Grass Mountain》） ・義大利文譯本初版：《靜坐修道與長生不老》（《Tao E LONGEVITA》）
七十六	1987	丁卯	70	・於蘭溪行館，為大陸留學生等講「中國未來之前途」（共四十三講） ・講「密宗大手印」「佛學大綱」「佛為阿難說入胎會」《易經》 ・台灣初版：《老子他說》（上）《易經雜說》《中國佛教發展史略述》《中國道教發展史略述》《金粟軒紀年詩初集》《懷師——我們的南老師》

七十七	1988	戊辰	71	・離美赴港 ・老友賈亦斌先生從北京來訪，談兩岸事 ・香港佛教圖書館，講「唯識」 ・溫州政府代表來訪，談金溫鐵路修建事 ・大陸初版：《維摩精舍叢書》（袁煥仙 著，南懷瑾等 整理）（繁體木版影印） ・韓國初版韓文譯本：《靜坐修道與長生不老》
七十八	1989	己巳	72	・主持新正禪修 ・金溫鐵路建設意向確定 ・講《莊子》選篇 ・台灣初版：《如何修證佛法》
七十九	1990	庚午	73	・應李登輝先生邀，返台灣談兩岸事 ・兩岸國共兩黨密使會談於香港寓所 ・講「三十七菩提道品」 ・指導《大智度論》研究 ・個人捐資設立溫州南氏醫藥科技獎勵基金和農業科技基金會 ・大陸簡體字初版：《論語別裁》

八十	1991	辛未	74	• 講「靜坐要訣」《百法明門論》《肇論》 • 台灣初版：《易經繫傳別講》 • 大陸簡體字初版：《孟子旁通》《老子他說》（上）《禪宗與道家》 • 德國初版德文譯本：《靜坐修道與長生不老》（《Das Tao des langen Lebens》）
八十一	1992	壬申	75	• 正式簽訂金溫鐵路修建協議 • 擬〈和平共濟協商統一建議書〉 • 修建金溫鐵路的合資公司在浙江溫州開業 • 台灣初版：《圓覺經略說》《金剛經說甚麼》 • 大陸簡體字初版：《歷史的經驗》
八十二	1993	癸酉	76	• 講「生命科學研究」（共三十五講） • 大陸簡體字初版：《如何修證佛法》《楞嚴大義今釋》《楞伽大義今釋》《靜坐修道與長生不老》 • 美國初版英文譯本：《如何修證佛法》（上）（《Working Toward Enlightenment》）
八十三	1994	甲戌	77	• 主持廈門南普陀寺禪七，「生命科學與禪修實踐研究」 • 講「生命科學研究」（共七十七講）

				•大陸簡體字初版：《禪海蠡測》《禪話》《參禪日記》（初、續集）（金滿慈 著，南懷瑾 批） •美國初版英文譯本：《如何修證佛法》（下）（《To Realize Enlightenment》） •法國初版法文譯本：《道家密宗與東方神秘學》之節錄（《YI KING》）
八十四	1995	乙亥	78	•主持新正禪修 •美國彼得・聖吉教授初次來訪 •應邀赴法國文化交流考察 •台灣初版：《藥師經的濟世觀》 •大陸簡體字初版：《亦新亦舊的一代》《中國文化泛言》 •美國初版英文譯本：《禪與道概論》之「禪的部份」（《The Story of CHINESE ZEN》）
八十五	1996	丙子	79	•個人出資五百多萬元人民幣改擴建幼時舊居後，捐贈樂清地方政府，作為「樂清老幼文康活動中心」，題寫匾名並作〈樂清老幼文康活動中心贈言〉：我生於此地，長於此地，而十七年後，即離鄉別土，情如昔賢所云：身無半畝，心憂天下。讀書萬卷，神交古人。

	八十六
	1997
	丁丑
	80
旋經代嬗五六十年後，父罹世變，未得澡雪。老母百齡，無疾辭世。雖欲歸養而不可得。故有此築，即以仰事父母之心，轉而以養世間父母，且兼以蓄世間後代子孫。等身著作還天地，拱手園林讓後賢，以此而報生於此土，長於此土之德，而無餘無負。從今以後，成敗興廢，皆非所計。或囑有言，則曰：人如無貪，天下太平。人如無嗔，天下安寧。願天常生好人。願人常做好事。 歲次乙亥冬月中旬即 一九九六年一月上旬 南懷瑾書時年七十八 •大陸簡體字初版：《中國佛教發展史略》《中國道教發展史略》《易經雜說》《禪海蠡測》《易經繫傳別講》《道家、密宗與東方神秘學》《禪觀正脈研究》《習禪錄影》	•主持新正禪修 •於香港光華文化中心，為彼得•聖吉教授等主持七天禪修 •金溫鐵路全程鋪通，感言： 鐵路已鋪成，心憂意未平，世間須大道，何只羨車行。 •提出「功成身退，還路於民」 •美國初版英文譯本：《中國佛教發展史略》（《Basic Buddhism》） •韓國初版韓文譯本：《易經繫傳別講》

八十七	1998	戊寅	81	• 台灣初版：《原本大學微言》《南懷瑾與金溫鐵路》（侯承業 編記） • 大陸簡體字初版：《原本大學微言》 • 法國初版法文譯本：《如何修證佛法》（上） • 韓國初版韓文譯本：《易經雜說》
八十八	1999	己卯	82	• 受邀在吳江賓館，與吳江政府代表商談文化投資事宜 • 台灣初版：《禪門內外——南懷瑾先生側記》（劉雨虹著） • 韓國初版韓文譯本：《金剛經說甚麼》
八十九	2000	庚辰	83	• 講學 • 寫作
九十	2001	辛巳	84	• 創設東西精華農科（蘇州）有限公司，任董事長 • 大陸簡體字初版：《圓覺經略說》《金剛經說什麼》
九十一	2002	壬午	85	• 主持新正禪修 • 台灣初版：《布施學——毗耶娑問經》 • 大陸簡體字初版：《定慧初修》（袁煥仙 南懷瑾 合著）《藥師經的濟世觀》《學佛者的基本信念》 • 韓國初版韓文譯本：《論語別裁》（上下）

九十二	2003	癸未	86	•主持浙江義烏雙林寺禪修 •台灣初版：《現代學佛者修證對話》（上） •韓國初版韓文譯本：《靜坐修道與長生不老》（《靜坐修道講義》新譯本）《如何修證佛法》（《佛教修行法》）
九十三	2004	甲申	87	•移居上海 •與中國科技大學聯合舉辦「中國傳統文化與認知科學、生命科學、行為科學」專題研討會，在吳江七都講課 •上海興國賓館二樓，講「讀書和工商文化」 •上海國家會計學院，講「大會計？」 •台灣初版：《現代學佛者修證對話》（下） •美國初版英文譯本：《金剛經說甚麼》（《Diamond Sutra Explained》） •韓國初版韓文譯本：《原本大學微言》（上下）
九十四	2005	乙酉	88	•資助《倉央嘉措》青海拍攝工作 •上海四季酒店，講「人文問題」 •上海市宛平賓館會議廳，講「中國傳統文化與經濟管理」 •為美國來訪學者講「企業之道、管理要義、修行入門、認知科學」等 •台灣初版：《花雨滿天 維摩說法》

九十五	2006	丙戌	89	・獨資創辦「吳江太湖文化事業有限公司」 ・主持「禪與生命科學的實踐研究」 ・上海美侖大酒店會議廳，對新聞出版界講演 ・彼得・聖吉教授及國際跨領域領導人組團參學 ・台灣初版：《莊子諵譁》《南懷瑾與彼得・聖吉》
九十六	2007	丁亥	90	・獨資創辦「吳江市太湖大學堂教育培訓中心」 ・解答法國參學團關於「道家、觀心法門、醫療與養生、生死」等問題 ・淨慧老和尚邀請，作〈序說虛老年譜〉文，題寫《虛雲老和尚全集》書名 ・獲江蘇省吳江市政府授予「榮譽市民」 ・台灣初版：《南懷瑾講演錄》《與國際跨領域領導人談話》《人生的起點和終站》《答問青壯年參禪者》 ・大陸簡體字初版：《南懷瑾講演錄》《南懷瑾與彼得・聖吉》《莊子諵譁》
九十七	2008	戊子	91	・獨資創辦「吳江太湖國際實驗學校」 ・國際教育研討會 ・與人民出版社黃書元社長一行，議定著作授權出版事宜，親自簽署合約（以「東方出版社」名義出版簡體字著作） ・創辦太湖大學堂經史合參班，對第一期學員講話

				・為香港瑜珈團隊講課 ・託宗性法師代查袁煥仙先生靈骨下落 ・台灣初版：《小言黃帝內經與生命科學》《禪與生命的認知初講》《漫談中國文化》 ・大陸簡體字初版：《人生的起點和終站》《答問青壯年參禪者》《小言黃帝內經與生命科學》《漫談中國文化》 ・大陸初版英文版：《靜坐修道與長生不老》《中國佛教發展史略》
九十八	2009	己丑	92	・個人出資託宗性法師代為主持修建袁煥仙先生靈骨塔工程（登琨艷設計） ・主持太湖大學堂禪七 ・彼得・聖吉教授等數十位學者來參學，研討「科學與哲學、宗教、人性、社會」等問題 ・對太湖國際實驗學校學生家長研修班講話 ・台灣初版：《我說參同契》《老子他說（續集）》 ・大陸簡體字初版：《禪與生命的認知初講》《我說參同契》（上中）

九十九	2010	庚寅	93	•對太湖國際實驗學校學生家長、教師數次講話 •對太湖大學堂經史合參班第一期學員講話、授課 •「音聲法門」「音聲與疾病診斷」答疑，指導〈華嚴字母〉學習 •捐贈個人稿費一百萬元人民幣，資助修建吳江廟港老太廟文化廣場 •台灣初版：《列子臆說》 •大陸簡體字初版：《我說參同契》（下）《老子他說（續集）》《維摩詰的花雨滿天》（上下）《列子臆說》（上） •韓國初版韓文譯本：《人生的起點和終站》
一〇〇	2011	辛卯	94	•對太湖國際實驗學校新生家長講話 •台灣初版：《孟子與公孫丑》 •大陸簡體字初版：《列子臆說》（中下）《孟子與公孫丑》 •韓國初版韓文譯本：《定慧初修》（袁煥仙　南懷瑾　合著）
一〇一	2012	壬辰	95	•講「女性修養教育」「子女教育」「母儀修養」 •答覆中國航天員科研訓練中心航天員醫監醫保室管理及研究人員，關於「航天員如何在未來二〇二二年空間站內停留幾百天」等問題

	•對太湖國際實驗學校第一屆學生畢業典禮致臨別贈言 •對太湖國際實驗學校家長講話 •以個人身體情狀為例說明醫理；談病與十二時辰經脈運行的關係、《驗方新編》噎膈的理法方藥、如何面對生死與疾病、如何面對人生的最後等問題；談根本氣 •辭世（九月廿九日十六時廿九分） •台灣初版：《瑜伽師地論——聲聞地講錄》《廿一世紀初的前言後語》《孟子與離婁》《孟子與萬章》 •大陸簡體字初版：《廿一世紀初的前言後語》《瑜伽師地論——聲聞地講錄》 •韓國初版韓文譯本：《圓覺經略說》《漫談中國文化》（《中國文化漫談》）
先生辭世後	•南懷瑾文化事業有限公司在台灣設立 •南懷瑾文化事業有限公司台灣初版：《孟子與盡心篇》《孟子與滕文公、告子》《太極拳與靜坐》《話說中庸》

先生辭世後

《對日抗戰的點點滴滴》

《大圓滿禪定休息簡說》

《孔子和他的弟子們》（原名《孔學新語》）

《我的故事我的詩》

《洞山指月》

《禪海蠡測語譯》（南懷瑾 原著，劉雨虹 語譯）

《金粟軒紀年詩》（南懷瑾 原著，林曦 注釋）

《南師所講呼吸法門精要》（劉雨虹 彙編）

《東拉西扯——說老人、說老師、說老話》（劉雨虹 著）

《點燈的人》（東方出版社編輯群 編）

《雲深不知處》（劉雨虹 編）

《跟著南師打禪七》（劉雨虹 編）

《說不盡的南懷瑾》（查旭東 著）

《說南道北——說老人、說老師、說老話》（劉雨虹 著）

《南懷瑾與楊管北》（劉雨虹 編）

《懷師之師——袁公煥仙先生誕辰百卅週年紀念》（劉雨虹 編輯）

《百年南師——紀念南懷瑾先生百年誕辰》（劉雨虹 編）

先生辭世後

．南懷瑾文化事業有限公司校訂台灣繁體再版：
《孟子與萬章》
《孟子與離婁》
《孟子與公孫丑》
《禪海蠡測》
《孟子旁通》
《我說參同契》（上中下）
《人生的起點和終站》
《漫談中國文化》
《瑜伽師地論——聲聞地講錄》（上下）
《靜坐修道與長生不老》
《圓覺經略說》
《答問青壯年參禪者》
《如何修證佛法》
《藥師經的濟世觀》
《禪、風水及其他》（劉雨虹 著）

．大陸簡體字初版：
《孟子與離婁》

先生辭世後

《孟子與萬章》
《孟子與盡心篇》
《孟子與滕文公、告子》
《太極拳與靜坐》
《話說中庸》
《歷史的經驗》增訂本（附《對日抗戰的點點滴滴》）
《孔子和他的弟子們》（原名《孔學新語》）
《大圓滿禪定休息簡說》
《定慧初修》（袁煥仙　南懷瑾 合著）
《禪海蠡測語譯》（南懷瑾 原著，劉雨虹 語譯）
《南師所講呼吸法門精要》（劉雨虹 彙編）
《禪門內外——南懷瑾先生側記》（劉雨虹 著）
《南懷瑾與金溫鐵路》（侯承業 編著）
《東拉西扯——說老人、說老師、說老話》（劉雨虹 著）
《點燈的人》（東方出版社編輯群 編）
《雲深不知處》（劉雨虹 編）
《說不盡的南懷瑾》（查旭東 著）

• 大陸初版日文譯本：
《論語別裁》（上下）

先生辭世後

・韓國初版韓文譯本：
《老子他說》（上下）
《禪與生命的認知初講》
《楞伽大義今釋》
《孟子與公孫丑》
《定慧初修》（袁煥仙　南懷瑾 合著）
《孟子旁通》
《莊子諵譁》（上下）
《小言黃帝內經與生命科學》
《藥師經的濟世觀》
《花雨滿天 維摩說法》（上下）
《孟子與盡心篇》
《楞嚴大義今釋》
《南懷瑾談歷史與人生》（練性乾 著）
《佛說入胎經》（南懷瑾 指導，李淑君 譯）
《南師所講呼吸法門精要》（劉雨虹 彙編）

・初版法文譯本：
《般若正觀略講》（即《心經講記》）（《Le Sûtra du coeur》

南懷瑾文化出版相關著作

2014年出版

南師所講呼吸法門精要
劉雨虹／彙編

孟子與盡心篇
南懷瑾／講述

東拉西扯——說老人，說老師，說老話
劉雨虹／著

雲深不知處——南懷瑾先生辭世週年紀念
劉雨虹／編

禪海蠡測
南懷瑾／著

禪海蠡測語譯
南懷瑾／原著，劉雨虹／語譯

孟子與滕文公、告子
南懷瑾／講述

太極拳與靜坐
南懷瑾／講述

2015年出版

點燈的人——南懷瑾先生紀念集
東方出版社編輯群／編

金粟軒紀年詩
南懷瑾／原著，林曦／注釋

話說中庸
南懷瑾／著

孟子與萬章
南懷瑾／講述

2017年出版

瑜伽師地論 聲聞地講錄（上下）
南懷瑾／講述

靜坐修道與長生不老
南懷瑾／著

圓覺經略說
南懷瑾／講述

答問青壯年參禪者
南懷瑾／講述

說不盡的南懷瑾
查旭東／著

說南道北——說老人 說老師 說老話
劉雨虹／著

南懷瑾與楊管北
劉雨虹／編

禪、風水及其他
劉雨虹／著

如何修證佛法（上下）
南懷瑾／講述

藥師經的濟世觀
南懷瑾／講述

懷師之師——袁公煥仙先生誕辰百卅週年紀念
劉雨虹／編輯

我的故事我的詩
南懷瑾／講述

孟子與離婁
南懷瑾／講述

孟子與公孫丑
南懷瑾／講述

對日抗戰的點點滴滴
南懷瑾／口述

孟子旁通
南懷瑾／講述

2016年出版

大圓滿禪定休息簡說
南懷瑾／講述

我說參同契（上中下）
南懷瑾／講述

人生的起點和終站
南懷瑾／講述

孔子和他的弟子們
南懷瑾／講述

漫談中國文化——企管、國學、金融
南懷瑾／講述

跟著南師打禪七——一九七二年打七報告
劉雨虹／編

2018年出版

洞山指月
南懷瑾／講述

百年南師——紀念南懷瑾先生百年誕辰
劉雨虹／編

編印中

易經繫傳別講（上下）

金剛經說甚麼（上下）

禪與生命的認知初講

原本大學微言（上下）

花語滿天維摩說法（上下）

新舊教育的變與惑

列子臆說（上中下）

百年南師——紀念南懷瑾先生百年誕辰

建議售價・200元

編　　者・劉雨虹
出版發行・南懷瑾文化事業有限公司
　　　　　網址：www.nhjce.com
董 事 長・南國熙
總 經 理・饒清政
總 編 輯・劉雨虹
編　　輯・古國治　釋宏忍　彭　敬　牟　煉
記　　錄・張振熔
校　　對・王愛華　歐陽哲
代理經銷・白象文化事業有限公司
　　　　　台中市402南區美村路二段392號
　　　　　經銷、購書專線：04-22652939　傳真：04-22651171
印　　刷・基盛印刷工場
版　　次・2018年3月初版一刷

設計編印
白象文化
www.ElephantWhite.com.tw
press.store@msa.hinet.net
總監：張輝潭　專案主編：吳適意

國家圖書館出版品預行編目資料

百年南師——紀念南懷瑾先生百年誕辰／劉雨虹編. -- 初版.-- 臺北市：南懷瑾文化，2018.03
面：　公分.
ISBN 978-986-96137-1-2（平裝）
1.南懷瑾 2.傳記
783.3886　　107001362